外国語を身につけるための日本語レッスン2 読解編

つくば言語技術教育研究所
三森ゆりか
Yurika Sammori

白水社

目次

装丁　重原　隆
カバーイラスト　九重加奈子
本文イラスト　堀尾加奈子

はじめに

新聞記者だった父が特派員となって西ドイツに赴任することになり、いやおうもなくドイツの学校に放り込まれたのは私が中学二年生の時のことでした。それからが大変でした。ドイツ語を一から学ばされ、ドイツ人の普通クラスに編入させられたものの、私はいつまでたっても授業内容がよく理解できなかったからです。私が編入したのは、九年生、つまり中学三年生のクラスでした。九年生のドイツ語の授業では、本書でその説明を目的とする「テクストの分析と解釈・批判」(Critical Reading) が指導されており、生徒と教師の間で文学作品を巡って熱心な議論がなされていました。私はそこで、ドイツ語の授業や英語の授業で扱われた詩や小説について、議論のポイントが理解できずに最後まで苦労しました。議論が、作品に書かれた事実に基づいて行なわれているという、そんな基本的なことにも無知だったため、議論自体がどのように組み立てられているのかすら私にはよく分からなかったのです。ドイツ人やその他の外国人（当時私の通った学校は、各国の外交官や新聞記者子弟の受け入れ校で、外国人のための初級ドイツ語クラスがありました）が、楽しそうに、かつ真剣に議論をしている姿を横目に見ながら、私はひたすら教室の中で小さくなっているしかありませんでした。また、「テクストの分析と解釈」は、必ず最後に自分の考えたことを論文形式の文章にまとめることによって完結します。その際に私は「感想文」しか書くことができず、「印象や想像だけではなく、なぜそう考えたのかを事実に基づいて論証しなさい」との指摘を教師から繰り返し受けました。日本の学校で感想文を得意としていた私は、この教師の指摘の意味が理解できず、その結果私は自信を喪失し、ドイツ語を学ぶ意欲自体が低下してしまいました。

帰国後私は大学を卒業し、商社に勤め、そして東ドイツに工場を建てるチームの一員として働きました。そこでドイツ語で作成された議事録を日本語に翻訳する作業を任された私は、その作業の中でようやく私の読み方が西ドイツの学校で評価されなかった理由を悟りました。私はドイツ語が読めなかったのではなく、ドイツ式の読み方を理解していなかっただけなのです。この発見によって初めて私の目から鱗が落ちました。私がドイツ式の読み方と日本式の読み方に相違があることを理解できたのは、商社で翻訳を任されていた議事録のあちらこちらで、日本人の文書の読み方と東ドイツ人の文書の読み方が異なることに気づいたからです。日本人が曖昧に意見を述べるたびに例えば東ドイツ側から、「それは前回の議事録のどこに書いてあるのか。何を根拠にして述べているのか」という指摘が繰り返されている様子が、議事録には書かれていました。こうした質問はまさに私が西ドイツの学校で教師から繰り返された質問と全く同質のものでした。さらにもう一つ資料の用い方の相違を如実に示す印象的な出来事がありました。それは次のようなものでした。「案件○○については検討したか?」（東独側）、「いや、まだです」（日本側）、「なぜ検討していないのか。それはすでに検討済みであるはずだ。なぜなら、某月某日付の議事録○号△△頁に、『次回の会議までに検討する』と記載されているからだ」（東独側）。ここでは、「検討します」、つまり「まあ、できれば考えておきましょう。でもまあ、当てにしないでくださいよ」という日本語の慣習的ニュアンスが文字通り実体を伴った「検討します」として翻訳されていたため、それを根拠に相手方に詰め寄られたのでした。そのように捉えてしまえば、これは単に誤訳の問題に過ぎないことになります。しかし私にとって、書かれた文章に言質を取って詰め寄るこうしたやり方は、まさにドイツの学校の授業の中で繰り返されていた光景を思い起こさせました。

こうした商社での経験が、ようやくにして私の頭の中で、「テクストを厳密に読みなさい」「テクストを事実として捉えて解釈しなさい」「テクストに書かれた事実を根拠に意見を述べなさい」と、ドイツ人教師に指摘され続けた意味と繋がったのです。思えばずいぶんな遠回りをしましたが、ドイツで過ごした時期が中高生の時代で、まだ経験の少ない子供時代であったこと、なまじっか国語と感想文が得意な読書少女で、日本の国語教育の中身に疑問を持ったことがなかったこと、そうしたことが私の目と心を塞ぎ、目の前で展開されている事態を素直に受け入れることを拒んだのでしょう。

私がドイツの「テクストの分析と解釈」をきちんと勉強する機会を得たのは結婚後のことです。当時筑波大に勤務していたドイツ人の友人に、ドイツの大手教科書会社の出版するドイツ語教科書を小学校から高校までひととおり購入してきてもらい、私は最初から通して読んでみました。そうしてすべての謎が解明されました。私がドイツの学校に編入したのは九年生（中学三年生）の時でした。それまでの間にドイツ人の生徒たちは、「再話」（物語を読み聞かせてその内容を自分の言葉で語り直させる作業。作文教育と関連づけて実施される）と「要約」（数ページの物語から一冊の本の内容を圧縮してまとめる方法）を系統的に積み上げて学んでいたのです。そして「テクストの分析と解釈」はその上に位置づけられているものとして指導されていたのでした。「テクストの分析と解釈」においては、物語の構造を分析的に読むことは回避できない課題であり、そのためには「要約」のための知識と技術がどうしても必要でした。私は、こうした知識も技術も持たないままいきなり「テクストの分析と解釈」に直面させられていたわけです。しかも九年生だったため、教室で読まされたのは、かなり高度なドイツの文学作品でした。ハインリヒ・ベル（ノーベル文学賞受賞）やペーター・ビクセル、その他の有名なドイツ語圏の作家の短い小説や長編小説が分析の対象だったのです。それらの作品は、日本語ですら容易に読解できるものではありませんでした。

できなくて当たり前だったんだ……。

私は半ば安堵しながら、自分に言い聞かせたものです。なぜなら、ドイツでの経験から私は自分自身に「劣等生」の烙印を押してしまっており、自信喪失の状態が長らく続いていたからです。「テクストの分析と解釈」については、そこに至る流れと技術を理解し、知識を得てしまうと、さほど難しいものではありません。むしろ、本の読み方、文章の読み方がよく分かるようになり、ドイツの教室でのさまざまな場面を思い出しながら、「あのとき先生はこれを求めていたのだ」とか、「あのときこういう問題を巡って議論をしていたのだ」ということがすっきりと理解できるようになりました。さらに、映画や絵画も同じような調子で分析的に解釈できるようになり、自分自身の世界が広がったように感じたものです。

その後、ドイツ以外のヨーロッパの国々やアメリカなどの文学教育の内容を調べてみると、どの国でもドイツと同様の「テクストの分析と解釈」が指導されていることが明らかになりました。これを知り、私は初めてドイツの教室で私だけが議論についていけなかった理由、私以外の外国人、つまり他のヨーロッパ諸国やソ連、アメリカ、オセアニア、南米などから来ていた外国人の生徒たちが苦もなく分析の授業についていっていた理由を理解しました。何のことはない、彼らは母国で「テクストの分析と解釈」を学んでおり、その知識と技術を彼らにとって外国語であるドイツ語に応用させていただけだったのです。

この事実を知って、私は自分ができなかった理由を正当化できたことに安堵するとともに、大きな焦りも感じました。日本人である自分を除く多くの外国人がみな何事もないように分析の授業についていっていたのに、それについていけなかったことは何を意味するのだろうという焦りでした。こうした私自身の個人的な体験が、私を現在の仕事に導きました。先進国に名を連ねる日本の国民として、多くの国々で母語の授業の中で当たり前に指導されていることを学んでおくべきではないかと私は考えたのです。

さて、本書では「テクストの分析と解釈」の基本的なことがらを、どなたにも理解できるように分かりやすく説明するように努めました。本書は、主に外国語を上達させたいと願う人々を読者として想定していますので、外国語を学ぶときにどのようなテクスト分析の知識と技術が必要なのかという点に内容を絞ってあります。テクスト分析については、専門的な理論に基づく分析方法があり、それについては日本でも専門書が出版されています。しかし、欧米の学校教育の中で実施されているのはそのような専門領域に至る以前の、もっと基本的なことがらです。欧米人といえども、誰もが文学を専門に研究するわけではありませんから、外国語の上達が目的で「テクストの分析と解釈」を学ぶのであれば、基本的なことがらを知っていれば十分でしょう。

本書を通して、読者の皆様が「テクストの分析と解釈」の基本的な知識と技術を身につけ、それが皆様の外国語の上達に、ひいては外国人との文化交流に繋がっていくことを私は願っています。

一つのテクストを巡って他人と議論をすることは、あることがらについて他人と考えを交換することを意味します。そこには「技術」という一定のルールがありますから、議論が暴走したり、噛み合わなかったりする危険性は少ないでしょう。日本人同士で議論をしても互いの考えを交換するのは興味深いことです。ましてや相手が異文化を背景に持つ外国人であれば、その楽しさ、面白さはさらに深いものとなるでしょう。また、テクストの分析を単に外国語の学習の基礎知識として捉えるだけでなく、テクストという事実に基づいて分析的に考える作業を通して、皆様自身の世界がさらに広がってゆくことを、私は心から願っています。

第一章　外国語で発想するために必要な「読書技術」

欧米、特にヨーロッパでは、レトリックの伝統に基づき、教育の最終目標を、テクスト（文章）を分析して解釈し、批判的に検討してその結果を論文に記述することにおいています。つまりテクストをいかに読むかということが、教育の最終目標なのです。分析し、解釈し、批判的に考察する過程は参加者の議論によって実施され、議論終了後各個人は考察の結果を論文形式で記述します。母語の授業で扱われるのは、詩や物語、短編小説、長編小説、戯曲、評論文などです。このように欧米の学校で訓練される読書技術教育を、ここでは「テクストの分析と解釈・批判」と呼ぶことにします。この「テクストの分析と解釈・批判」は母語教育のみならず、外国語や歴史、現代社会、地理、哲学、経済等の文系科目、物理や化学、数学等の理系科目、音楽や美術等の芸術系科目などにまで幅広く応用されます。言い換えると、対象を分析して解釈し、批判的な考察を踏まえて自分自身の意見が言えなければ、欧米では一人の社会人としては認められないのです。

さて、外国語、特に欧米の言語を身につけようとするとき、ある程度文法を理解し、単語を暗記し、その言語で書かれた文章を読んで理解できるようになったら、その次の段階では何をすべきなのでしょうか。何となく会話を楽しむためだけなら、その程度の外国語の学習でも十分かもしれません。しかしもしあなたが、外国人とのより深い対話、より教養ある対話を望むのであれば、彼らが学校教育の中で訓練されてきた読書技術教育の理解は不可欠です。

読書技術は、例えばスポーツで言えばルールに匹敵します。国籍や人種、言葉が異なっても、ルールという共通理解があれば、例えばサッカーの試合を楽しむことが可能です。けれども万一ルールを知らなければ、互いにボールを蹴ることはできたとしても、試合を楽しむことはできません。それぞれが自分勝手なルールに基づいていたのでは試合は成立しないからです。これと同じように、たとえ言語の理解が不十分でも、読書技術という共通のルールを知っていれば、ある本の内容について、ある程度対話をすることが可能になります。あるいは大学等に留学して講義を受けるとき、テクストを読むためのルールを知っていれば、言葉の分からない部分を自分の持っている知識や技術で埋め合わせて推測しながら理解することが可能になります。このように読書技術は、外国語の学習を次の段階に進めるため、つまり外国語で発想するために必要にして不可欠な知識であり、技術なのです。

1　欧米の「読書技術教育」ってどのようなもの？

欧米の読書技術教育は、システマティックに技術を積み上げる方式になっています。ドイツを例にとると、おおむね次のようになっています。

1　幼稚園　　読み聞かせと分析的問いかけ
2　一年生〜四年生　再話（物語を読み聞かせ、自分の言葉で再構成する作業）
3　五年生〜八年生　要約（物語の構造の指導）
4　九年生〜　　テクストの分析と解釈・批判

右のように、最終目標である「テクストの分析と解釈・批判」に向けて、幼児の頃から読書に必要な知識と技能を積み上げられるように、読書技術を習得するためのシステムがしっかりと構成されています。幼児期には、絵本を読み聞かせながら、分析的な問いかけを保護者や幼稚園教諭が行ない、子どもは無邪気にそれらに答えることによって、自然に本の読み方を学ぶことになります。小学校段階（一〜四年生）では、教師がグリム童話などの物語を読み聞かせ、児童はそれを自分の言葉で文章に再生します。この時、物語に必要な要素である、５Ｗ（いつ・どこ・だれ・なに・なぜ）と事件発生の因果関係をきちんと聞き取れないと再生はできません。従って、児童は集中して聞き取ることを通して、物語の構成や展開を自然に学ぶことになります。五〜八年生（中学二年生）の段階では、要約の技術が指導されます。それは、数ページの短い物語から開始され、最終的には一冊の本の要約にまで至ります。物語がどのような構造になっているのか、物語が論理的に展開するためにどのポイントを押さえなければならないのかという点を学ぶことが、その先の「テクストの分析と解釈・批判」に繋がっていくのです。

最終目標の「テクストの分析と解釈・批判」へ生徒の読書技術を効果的に発展させるには、いずれの段階も疎《おろそ》かにできません。また、再話以降、どの読書技術も作文と密接に繋がっているため、生徒は文章を読むための技術と作文を書くための技術（感想文ではなく、それぞれ、「再話・要約文・（小）論文」というように、作文の形式も指導されます）を、一貫して教育されることになります。

テクストの分析と解釈・批判とは？

「テクストの分析と解釈・批判」は、英米では Critical reading と呼ばれています。欧米のどこの国でも指導内容に大差はありません。「テクストの分析」は、文法や形式、言葉などを厳密に客観的に論理的に分析し、作家がテクストに込めた深い内容を引き出そうとする作業です。主観的で感覚的な読解とは異なり、根拠に基づく論理的な読解が求められます。記述形式、語りの視点、文法などの形式面から、時代背景や場所、登場人物の名前や服装、性格、色、象徴的な物などの内容面についてまで、さまざまな角度からテクストを分析し、分析した事柄に基づいて解釈し、さらにさまざまな角度から批判的な考察を行なって、最終的にそのテクスト全体が何を意味しているのか、作家が作品にどのようなメッセージを込めたのかを探ります。

例えば、ヘミングウェイの『老人と海』では、不漁に苦しむ老漁夫が繰り返しライオンの夢を見ます。作家が作品の冒頭と中盤、結末にライオンの夢を置いたのは、単なる気まぐれでしょうか。そんなはずはありません。このライオンとその登場の時機にはもちろん大きな意味があるのです。ライオンの意味を語源辞典に当たると、ヨーロッパでは一三世紀頃から「非常に勇猛な人物」を指す言葉として使われています。この象徴性を踏まえたうえで、不漁に見舞われ、疲労困憊し、生きるのさえやっとの状態の老人の夢にライオンが描かれることの意味を探ることになるわけです。

作家や画家は意味もなく人物を登場させたり、場所を設定したり、動物を描いたりすることはありません。作品はすべて緻密な計算の上に構築されています。それをやはり緻密に読み解いていく作業が分析の作業であり、分析結果に基づいて解釈し、さらにその結果を多方面から考察するのが批判の過程です。複数の人々と議論をしながらテクストを分析する作業はいろいろな考え方の発見の場でもあり、同時に意見の交換の場でもあります。外国語での真の対話を望むのであれば、このように対象を分析的に考察する技術を持っていないと、通り一遍な会話しかできないことになるのです。

2　日本の読書教育

日本の読書教育は、欧米のものと比較すると相当に特異です。小学校から高校までの間に系統的な読書技術のための指導システムがなく、日本では質の高い文学作品を数多く読書すれば自然に読めるようになり、作文が書けるようになるものと信じられているからです。ところで、単にたくさん読書をすれば、読書技術は身につくものなのでしょうか。私は読書をするのが大好きでした。けれどもこうした読書経験はドイツ式の読書技術の前では役に立たず、結局不慣れなドイツ語で一から読書技術を学ぶことになりました。本が好きな人は、読書をしない人に比べてもちろん本を読み慣れてはいるでしょう。しかし本を読み慣れていることと読書技術を心得ていることとは同じではないのです。

日本独特の国語の試験

日本における読書教育で、独特なのが国語の試験問題です。国語の試験で生徒に対し課題を与えて作文を書かせることは滅多にありません。その代わりに試験問題では、答えを選択するか、文章の中からあらかじめ決められた答えを見つけ出して書くのが一般的です。正解は必ず一つで、教師（あるいは問題作成者）の考えた正解以外の答えは認められません。また、教師がなぜそのような正解を導き出したのかについて、論理的な説明がなされることも一般的ではありません。

たとえば「桃太郎」についてのこんな問題です。

（1）　川で拾った桃から桃太郎が生まれたとき、おじいさんとおばあさんはどのように思ったでしょう。次の四つの文の中から、二人の気持ちを選び、印を付けなさい。

①おじいさんとおばあさんは、年老いた自分たちに子どもが育てられるのかと戸惑った
②桃から子どもが生まれたので、二人は驚いた
③桃から子どもが生まれるなんてあり得ないことだと二人は疑った
④子どものない二人は子どもを授かって嬉しかった

（2）　桃太郎はなぜ犬たちに吉備《きび》団子をあげたのか。その理由を二〇字以内で文中から書き抜きなさい。

（3）　鬼を退治し、故郷に宝を持ち帰った桃太郎の生活は、どのような生活になりましたか。漢字二文字で書きなさい。

この試験問題を例にとれば、第一問の解答は、②か④で迷うところです。桃から赤ん坊が出てきて、二人が驚かないはずはありませんし、物語の時点で二人には子どもがいなそうですから、赤ん坊を授かったことを二人は嬉しくも思ったでしょう。しかし、③もきっぱり否定するだけの材料はありません。なぜなら、常識的に考えて桃から赤ん坊が生まれることなどあり得ないからです。また、①の感情もおじいさんとおばあさんの中にはあったかもしれません。二人は何しろ「おじいさんとおばあさん」ですから、老い先短く、子どもが成人するまで生きていられるかどうか分からないはずです。ですから、自分たちに子育てができるだろうかと、嬉しさの反面、子育てする自分たちを想像できず、躊躇する感情が出てくることはあり得ないことではないでしょう。このように考えてみると、第一問については、どれも完全な正答とは言えませんし、どれも完全な誤答とも言えません。ところが、この問題の作成者が正答を④と決定していれば、正答は④以外はあり得ず、その他の考え方はすべて誤答ということになります。

第二問については、「吉備団子をくれたらお伴しますと言った」などが、例えば答えになるでしょう。考え方は本来いくつもあるはずですが、ここでも必ず決められた部分を、これまた必ず決められた字数以内で抜き出さなければなりません。例えば、「言った」が抜けていても、問題作成者が「言った」までを正答に含めていれば、ここで減点されます。「団子と引き替えに子分になると犬たちが言った」などと、文中に書かれていない言葉を用いて解答すれば、たとえそちらの方が答えの質としては上等でも、誤答扱い、あるいは減点の対象となります。

さらに第三問では、「～な生活」にあてはまる漢字二字の言葉を探します。もし教師が答えを例えば「富裕」と決めていれば、答えは「富裕」以外あり得ません。「裕福」も認められませんし、平仮名が混じる「豊か」も認められません。ところで果たして、「富裕」と「裕福」との間には意味の上で差があるのでしょうか。『広辞苑』を引くと、「富裕」は「裕福」で、「裕福」は「富裕」で説明されています。つまり両者は言い換えのきく言葉であるわけです。また、漢字二字で収まる、別の言葉、例えば「幸福」「幸せ」「安泰」「安楽」などで、故郷に戻った後の桃太郎の生活を表わすこともできます。なぜ桃太郎の生活をこうした言葉で表現してはいけないのか、それを知るのは問題を作成した教師のみです。このように、生徒の読解力を試す試験のほとんどが選択式や穴埋め式である点、正答が一つで、複数の答えが認められない点、正答と決められたものが、本当に正答かどうかが曖昧な点などが、日本の国語の読解教育に見られる特異性です。

欧米とは異なる「読解」の概念

そもそも「読解」という概念の捉え方が日本と欧米とでは異なります。日本の学校教育でいう「読解」とは一般的に、個人が感覚的に主観的にテクストを鑑賞することを意味しているようです。テクストについての個人の考えをテクストに書かれた事実に基づいて論証する必要は滅多にありません。日本では、テクストにおける主人公の心情を理解することに力点が置かれ、その理解の在り方も、感覚的、主観的なものでよしとされているのではないでしょうか。この意味で私は、日本の国語教育、あるいはもっと限定すると、日本の読解教育は、道徳の授業内容と似通っていると考えています。なぜなら、日本の国語の授業において小説を扱うとき、つねに次のような文脈でしか内容を捉えようとしない傾向にあるからです。

＊ゴンはこの時どのような気持ちだったでしょう？　（ごんぎつね）
＊おじいさんはこの時どんなふうに感じたでしょう？
＊蝶《ちょう》を潰したエーミールはどのような気持ちだったでしょう？　（ヘッセ『少年の日の思い出』）

このように、国語の扱いのなかでは、いつでも登場人物の「気持ち」が中心として捉えられ、その気持ちを必ず「反省」とか「後悔」とか「同情」とか「謝罪」などの方向に繋げようとします。

捉え方がかなり短絡的で、論理的に全体の状況を詰めることをしないまま、感情・気持ちだけを読者に捉えさせようとし、しかもその際に教師の「読解」を押しつけようとする傾向にあります。そのため、生徒が必ずしも妥当とは言えない教師の道徳的な捉え方に反発し、国語離れ、小説離れが起こるのではないでしょうか。こういう意味で、私は日本の国語は道徳だと考えています。

小説を読む意味は、人間が社会で必要な倫理観や社会常識を学ぶことだから、小説を扱いながら主人公の感情を取り上げることは必ずしも間違った方向ではないというご意見もあることでしょう。それについては私もその通りだと考えています。しかしそうであるならなおさら、答えを一つに限定したり、テクスト全体を十分に分析したりしないまま短絡的に感情を抽出するのは危険です。ある登場人物がある場面で感じた感情は、言葉や状況を厳密に多角的に考察してはじめて答えが導き出せるはずですし、また導き出せる答えがたった一つということは滅多になく、つねに複数の考え方が存在するはずなのです。そして何よりも、このような指導の仕方では、一人一人が真の意味で自立して本を読めるようにはなりません。感覚は教えられるものではなく、訓練のしようがないからです。

3　欧米の読書技術教育の実例

フランスの国語の授業

二〇〇五年冬、私は文科省の読解力向上のための海外研究視察の一員としてドイツとフランスを訪問しました。ドイツとフランスで具体的にどのような読書技術教育をしているのかを視察することが目的でした。

フランスではある総合リセ（大学進学を目指す子どもたちのための中高一貫校）で、八年生（中学二年生）のためのフランス語の授業を私は見学しました。ここでは、ジャン・ド・ラ・フォンテーヌの寓話を扱い、「分析と解釈・批判」の授業を実施していました。八年生の時点で生徒たちはすでにテクストを分析するための手法をかなり学んでいる様子で、教師が矢継ぎ早に畳みかけるように質問を繰り出しても、一人も臆することもなく、生徒は次々と挙手をして質問に答えていました。教師一名、生徒数三〇名。授業は五〇分間です。この間、少しの間も開くことがなく、教師は速いテンポで授業をどんどん進めていきます。生徒たちは耳を教師の問いかけやクラスメートの発言に集中させながら、一方の手で挙手をし、もう一方の手でメモを取る、というような形で授業に臨んでいました。素晴らしい集中力です。教師がキーワードしか板書しないので、教師の板書に頼るわけにもいきません。

授業は、最初に生徒の一人にその日の教材となる詩形式の寓話を読ませることから始まりました。生徒が読む間、教師は発音を直したり、アクセントを置く場所を指摘したりして、生徒が速やかに読めるように手助けをします。ラ・フォンテーヌの作品は古いので、現代の中学生には読みにくい部分があるのです。それから、対象となるテクストの分析と解釈が始まりました。その日扱われていたのは、「牝獅子の葬式」という寓話です。フランスの中学では、ラ・フォンテーヌの寓話が最も頻繁に分析の対象となるそうで、生徒たちにとってこの作家の作品はすでに何度か出会ったものらしく、生徒たちにとまどいは全くありませんでした。

授業では、寓話の内容に係わる形式分析と詩の技法に係わる分析を実施していました。内容に係わる形式分析では、まず語り手（作家）の意図についての問いが立てられ、生徒たちがそれぞれ自分の意見を述べました。続いて、登場人物の分析がなされました。なぜ牝ライオンが女王の地位にあるのか、ライオンはなぜ女王の地位にふさわしいのか、臣下として登場するカメレオンにはどのような特色と役割、意味があるのか、同じく臣下のサルにはどのような特色と役割、意味があるのか、というような質問がなされ、生徒たちはそれぞれの動物の特色と象徴性を考え、寓話における各動物の役割や意味を検討していきます。教師は生徒たちの発言を受けて、説明をしたり、分析の方法を提示したりして、生徒たちが内容を深く掘り下げていく手伝いをします。続いて、詩の技法についての専門的な分析がなされました。生徒たちには脚韻詩や頭韻、誇張法についての質問がなされ、授業で使用した寓話の中にどのような詩の技法が用いられているかが確認されました。これらの分析が終了すると、ラ・フォンテーヌがこの寓話で何を語ろうとしたのか、どのような社会批判が寓話の中に込められているか、またどのようなレトリック（修辞）が用いられているかなどの質問がなされ、生徒たちは活発に意見を述べていました。

フランスの授業で教師が頻繁に繰り返した言葉が、「なぜ？」「どこに書いてあるの？」「もっと具体的に」「もっと詳しく」というような言葉です。生徒は曖昧に何となく発言することは許されず、発言のたびにテクストの具体的な箇所の参照が求められていましたし、またテクストを根拠にして意見を述べることが求められていました。

フランスの読書技術教育については、ダニエル・ペナックの『奔放な読書』にそのあらましが提示されています。ペナックは同書で、フランスの読書技術教育があまりに形式的で、大量の読書と、読解した事柄を記述してまとめることを求めるために、生徒の本離れが進むことを嘆いています。けれどもペナックの論調に惑わされずに彼が何について嘆いているかを辿っていくと、逆にフランスでどのような読書技術教育が実施されているかが分かります。

あなたが期待しているのは、宿題として出した小説について、生徒がきちんとした読書カードを提出することよ。あなたの選んだ詩を正確に「解釈する」こと、バカロレア〔大学入学資格試験〕

の試験の日に、あなたの作った作品の抜粋を上手に分析すること、試験官が当日の朝生徒の目の前に張り出すものを的確に「解説」するか、巧みに「要約」することなのよ……

（ダニエル・ペナック『奔放な読書』浜名優美・木村宣子・浜名エレーヌ訳、藤原書店、八一頁）

右の記述から、フランスでは、小説が宿題や試験に出され、それについての要約や解釈が求められることがはっきりと分かります。そしてまたペナックは、「生きるために本を読まなければならない」理由として、次のように書いています。

――批判的精神を鍛えるために。（同掲書、七八頁）

ドイツの授業風景

ドイツでは私は二つの授業を見学しました。一つ目は、ベルリン州の小学校六年生のドイツ語の授業です。ドイツでは、経済協力開発機構（ＯＥＣＤ）加盟国の学習到達度試験（ＰＩＳＡ）の結果が振るわないことを受け、国全体で読書運動が実施されています。私が見学したのはそうした取り組みの一つとして実施されている「全国　本の紹介大会」の練習風景でした。全国大会に出場するには、生徒はクラス代表、学校代表、地区代表、州代表と勝ち抜いて最終審査である全国大会に挑むことになるそうです。

六年生のクラスでは各自が紹介する本を選んでまずそれを読みます。クラスの仲間が知らない本を選ぶのが原則だそうです。各自が読んで発表のための準備をし、それから聴衆の前に立って本の紹介のプレゼンテーションを行ないます。本の紹介は、「著者紹介・内容提示（要約）・本の一部分の朗読（五分間）・質疑応答」という四部構成になっています。質疑応答の部分では、教師が次のような質問を生徒に対して行なっていました。


*なぜその本を選んだの？

*読み上げた部分はクライマックスの部分なの？

*なぜもっと緊張感のあるところか、批判的要素のある部分を選んで読まなかったの？

*ごく最初の部分を選んで読んだのはなぜ？

*主題は何？　内容の説明をするのではなく、主題に係わる説明をして。

*その物語はどういう方向へ向かうの？

*なぜその部分を朗読したの？　そこは中心的な部分なの？　それとも転換点なの？　続きはどうなるの？

*主人公はあなたと同年齢だけど、作家はあなたたちの世代に理解があると思う？

右は六年生の子どもたちに向けられた質問です。これらの質問から、すでに六年生の段階で、物語の基本構造や主題、クライマックスや転換点、主題や批判的要素などの概念が指導され、教師のテンポの速い質問に生徒が答えられる程度に、生徒がその概念を咀嚼《そしゃく》し、空疎な記号としてではなく実体を持った言葉として理解していることが伺えます。実は、生徒の読み上げた部分を聞いて、「今読み上げたところはクライマックスの部分なのか？」と担任教師に質問したのは私でした。すると担任は「それは良い質問だ。今訊いてみる」と私に答え、即座に生徒に質問してくれました。すると生徒からは次のような答えが返ってきました。「今の部分はクライマックスの少し後の部分です。クライマックスは本の中で最も緊張感のあるおもしろい部分なので、それは読者が自分自身で読んでもらいたい場所です。私はわざとその少し後の部分を読むことにより、どのような物語が展開し、どのようなクライマックスがあったのかを聴衆に想像してもらいたいと考えました」。六年生にしては驚くほどしっかりした返答でしたが、答え方がしっかりしているというだけでなく、この生徒の返答は、彼らにどのような読書技術がすでに備わっているかを示唆しています。担任の説明では、五年生くらいから基本的な物語の構造を指導し、六年生の段階では生徒たちはすでに物語が一般的にどのように構成されているかを理解しているとのことでした。教師と生徒たちの活発なやりとりが教師の説明を裏付けています。丸一冊の本の内容を分かりやすく要約し、さらにその本の中で最も聴衆を引きつけられる箇所を選択する判断力を六年生の一人一人が持たなければならないわけですから、この時点で生徒たちはかなりきちんと本を読む技術を持っていなければならないことになるわけです。

私が見学したもう一つの授業は、大学進学を目指すミュンヘンのギムナジウム（中高一貫校）における、「テクストの分析と解釈・批判」の授業です。こちらは一二年生、つまり高校三年生の授業でした。ドイツでは、アビトゥアと呼ばれる大学進学のための高校卒業試験のために、生徒は試験科目を選択します。私の見学した高校三年生の授業は、ドイツ語を試験科目に選択した生徒たちのためのもので、扱う本はドイツの文豪ゲーテの『ファウスト』という極めて高度なものでした。教師一人に対して生徒数は一二名。議論しながら一冊の本を分析するための定員は二〇名が限度、一五名以下が理想的との説明が、校長からも担当教師からもありました。授業はやはり、教師による矢継ぎ早に畳みかけるような問いかけと生徒たちの発言によって構成され、九〇分間の授業の間、生徒は最後まで集中が切れることなく、耳を教師や他の生徒の発言に傾けつつ、議論に参加し、片方の手で挙手をする一方でもう一方の手でメモを取る、という多忙さです。教師はキーワードを板書するのみですので、授業中に重要なことがあれば生徒は自分の責任でメモを取らなければなりません。一通りの授業が終了すれば、三時間にも及ぶ記述式の試験が生徒を待ちかまえています。試験で高得点をとるためには自らの集中力とメモだけが頼りなのです。

この授業では、内容に係わる形式分析と詩の技法に係わる分析（『ファウスト』は詩形式で書かれている）が行なわれていました。奇しくもフランスで見学した授業とほぼ同じような内容です。『ファウスト』の文学史的・歴史的背景とそれらが作品に及ぼした影響についての分析が行なわれていました。教師からは、「疾風怒濤」「啓蒙主義」「古典主義」「ロマン主義」などの言葉が示され、まずはそれらがどのようなものなのか、生徒に説明を求めました。それから、それぞれの運動が『ファウスト』にどのような影響を与えているか、具体的な箇所をテクストの中で指摘しながら考察していきます。例えば、「ロマン主義」の影響として、『ファウスト』の中のファンタジー性が指摘され、具体的にどのような登場人物やエピソードが「ロマン主義」を体現しているのかが検討されます。授業の後半は、詩の技法の分析でした。生徒たちはあらかじめ割り当てられた詩の箇所が、なぜ「アドリア」と呼ばれる技法と言えるのかについて宿題として家庭で分析し、一人一人が授業中に発表していました。教師は生徒の指摘する韻や誇張部分を修正したり、問題点を指摘したりして、詩の技法の役割や意義を説明していました。

授業の合間に、担当教員が前回の試験用紙を私に見せてくれました。それは、シラーの『メアリー・スチュアート』について論述した論文で、三時間の試験時間の間に書かれたものだということでした。それはＡ４の用紙に手書きで一三枚という労作でした。この試験から、ゲーテの前にはシラーの作品が取り上げられたことがわかります。

ドイツのギムナジウムでは、ゲーテやシラーから現代の作家まで、ドイツ人が読むべき作家の作品を丸ごと一冊扱って生徒に議論させ、議論の結果を必ず論文形式で記述させます。「扱うのがドイツの作品ばかりだという点がドイツの病気だ」と、担当教員が自嘲気味に言い、ドイツでも人気のある村上春樹の作品をぜひ授業でも取り上げてみたいと言っていました。しかし、取り上げる作品がドイツのものに偏っているにせよ、ギムナジウムの生徒は卒業までに母国の主要作品に触れ、ドイツ文化を継承するように育てられることになります。

ギムナジウムの授業においても、読解の授業、とりわけ内容に係わる分析の授業にはたった一つの答えは存在しません。答えは多様にありますが、生徒は自分の意見を必ずテクストの具体的な箇所を根拠にして述べることが求められています。選択式や穴埋め式の試験は一切なく、生徒たちはテクストについて、自分の答えを根拠に基づいて論理的に論述することが求められるのです。

日本で注目されているスペインの読書技術

スペインの読書技術教育も、ドイツやフランスのものとほとんど同じです。スペイン人の友人は、高校時代『ドン・キホーテ』を長い時間をかけて分析したため、以来二度と『ドン・キホーテ』に手を触れる気持ちになれない、と言います。しかしこの言葉を裏返すと、それほどきっちりと一冊の本を分析する授業をスペインの高校生が受けているということを意味します。

スペインの読書技術教育について、近年日本では、モンセラ・サルト女史が考案した「読書へのアニマシオン」が注目を浴びています。子どもを本に親しませるための手っ取り早い読書ゲームと捉えられているためです。けれども実はこの「読書へのアニマシオン」は、欧米式の「テクストの分析と解釈・批判」の技術をきちんと身につけた人でないと真の意味での実践はできません。なぜなら、この読書ゲームは、学校で読解のための技術を十分に身につけられないスペインの子どものために開発されたものだからです。

「読書へのアニマシオン」は、「作戦」と呼ばれる「75」の手法を駆使して、読解に必要な技術を子どもたちに身につけさせようとするものです。幼児から高校生まで、段階を追って読書技術を積み上げられるように「作戦」は配列されています。「75の作戦」はいずれも、テクストを論理的に分析し、解釈し、批判的に考察するために必要な要素を含んでいます。そのため、ゲームを実施するために必要な素材を作成するためには、指導者自身が作戦の意図を明確に把握していない限り、目的のぼやけたゲームしか実施できないことになるわけです。

二〇〇〇年に私は、スペインで実施された「読書へのアニマシオンの指導者研修」に参加しました。二週間の研修中興味深かったのは、スペイン人が考えている「読解」と日本人研修者が考えている「読解」とが似て非なるものであるという事実を目の当たりにできたことです。日本人研修者は、私を除いて、全員「国語」に係わる大学教員や小中高の教員でした。ところが、日本人の読みは、ことごとくスペイン人には受け入れられなかったのです。

例えば、「作戦31　どうして？」を実践したときのことです。日本人は事前に指定された本を読んで準備しておきました。いよいよゲームが始まると、スペイン人の指導者は、次のような質問をします。

「どうして主人公の〇〇は△△をしたのでしょう？」

この時、答える側は、「なぜ主人公がそのような行為に及んだのか」ということを、本に書かれた事実を根拠にして述べなければなりません。ところが日本人の答えは、個人的な解釈に基づくもので、文章に書かれた事実を根拠にしたものではありませんでした。そのため、幾度となくスペイン人の側から「それはどこに書いてありますか？　何ページにそのように書いてありますか？」という質問が繰り返されました。スペイン人はそのような質問をするたびに、実際に本を手に持ち、どこにそのような解釈に至る根拠が書いてあったのかとページを繰って探していました。ところが日本人の参加者は、「要するにそういうことでしょ。この文脈からはそう解釈できるし」という言葉で済ませようとし、この点がなかなか一致しませんでした。

「作戦15　合戦」というゲームを行なった際にも、同じような問題が浮上しました。日本人が作成した問題にスペイン人の指導者が頭を抱えたのです。それは次のような問題でした。

「□□は何ページに出てきたでしょう？」

この「合戦」という作戦は、子どもが本を読んだうえで二つのチームに分かれ、読んだ本について質問を作成し、その質問にいくつ答えられるかで得点を競うものです。ここでは、本の内容における重要な部分について、答えを論理的に引き出せるような質問を子どもが自分で考えることに意義を置いています。つまり、子ども自身が読んだ本について自ら分析し、どの部分が筋の展開のうえで重要かということを把握できるかどうかが質問を作るさいの大切な要素になるのです。ですから、ある物、それも文脈においてさして重要でもない「ある物」が「何ページに出てくるのか？」という質問は、スペイン人の常識では考えられないものでした。日本の○×式のクイズにいかにもありがちな質問ですが、読書技術を習得させるためのゲームで、大人がこのような質問を作ること自体、スペイン人には理解できなかったのです。その他の質問も似たり寄ったりで、このチームと対戦した私たちのチームは本をきちんと読んでいたにもかかわらず、ほとんど答えることができませんでした。なぜなら質問の大半が、暗記能力を試すものだったからです。

研修前半で、スペイン側の指導者モンセラ・サルト女史は、どうやら日本人は自分たちとは異なる読書技術教育を受けているらしいと気づき、私と一緒に参加した私のスペイン人の友人に事情を詳しく聞いてきました。この説明がなかなか通じず、私たちは苦労しました。読書技術が当たり前のこととして存在し、その伝統がギリシア時代のレトリックにまでさかのぼるような環境で育った人々に、それがなされていないことがどのようなことなのかを理解してもらうことは並大抵のことではなかったからです。しかし、ようやく話が通じたときのモンセラ・サルト女史の言葉は非常に印象的でした。

それなら日本人は一体どうやって本を読んでいるの？

モンセラ・サルト女史は実は、スペインであまりに厳格な読書教育がなされていることに反対の立場をとっています。この点で先に挙げたダニエル・ペナックの立場と一致しています。実際に研修ではペナックの名前も挙げられ、「読書へのアニマシオン」の意義が説明されていました。ところが、モンセラ・サルト女史にとって、問題なのは厳格で形式的な読書技術指導の在り方であって、読書技術そのものについて疑問を持っているわけではありません。そのため、その著書『読書へのアニマシオン』には、欧米式の読解をするために必要な技術を細分化し、子どもが一つ一つの技術をその発達段階に応じた形で身につけることができるように組まれているのです。つまり、学校のやり方とアプローチの方法は異なりますが、子どもに伝統的な読書技術を身につけさせることが「読書へのアニマシオン」の最終目標です。従って、『読書へのアニマシオン』に組まれた「75の作戦」の目次を分析すれば、スペインでどのような読書技術教育が必要とされているのかが分かるというわけです。

イギリスやアメリカの読書技術教育

イギリスやアメリカでも、「テクストの分析と解釈・批判」に係わる教材はたくさん出ていますし、実際に学校でも指導しています。英語では、Critical reading（クリティカル・リーディング）と呼ばれるのが一般的です。

私は二〇〇三年にアメリカの小学校四年生のクラスで、このクリティカル・リーディングの指導を見学しました。四年生のクラスでは、クリティカル・リーディングのごく初歩の技術が指導されていました。教師が、短い手紙を黒板に貼り付け、それを生徒たちが声を合わせて読みました。その後、教師が生徒たちに向かって次々に質問を重ねていきます。

＊いったいこの文章は、誰に向けられたものなの？
＊この文章は何が言いたいの？

＊足りない情報はない？　これではこの手紙をもらった人は困ってしまうなあ。どうして？

こうした質問に生徒たちは次々と答えていきますが、もちろんたった一つの正答はありません。答えはいくつかありますから、生徒たちは活発にそれぞれの意見を言います。意見が出尽くし、文章の分析と解釈、そして批判的な考察が終わると、教師は生徒に考えたことを文章にすることを求めました。そして生徒たちは残りの時間を使って、一所懸命に作文を書いていました。生徒の作文は感想文ではありません。それは、考察した事柄を説明的にまとめたものでした。

ただ、アメリカについては、州により学校により、教育内容がまちまちで、中学や高校で必ずしもすべての生徒がクリティカル・リーディングを学ぶわけではないようで、実際にアメリカ人の友人たちに質問してもはかばかしい答えが返ってこないこともしばしばです。アメリカできちんとクリティカル・リーディングが指導されるのはむしろ大学進学後のようです。

また、イギリスのクリティカル・リーディングの事情については、ディヴィッド・ロッジ『小説の技巧』（柴田元幸・斎藤兆史訳、白水社）を読めば、読書技術というものがどのように捉えられているかがよく理解できるでしょう。なお、イギリスの国語教育の事情については、山本麻子『ことばを鍛えるイギリスの学校――国語教育で何ができるか』（岩波書店）に詳しいので、そちらをご参照ください。イギリスでも他のヨーロッパ諸国と同様、小学校の段階から積み上げ方式で読書技術が指導されているようです。

4　外国語で発想するためになぜ読書技術が必要なの？

フランス、ドイツ、スペイン、アメリカ・イギリスと、さまざまな国、さまざまな言語における読書技術教育について、私はこの章で説明しました。簡単な説明ではありますが、この本を読んでくださった皆さんには、日本の読書技術教育と欧米のそれとの相違を何となく想像していただけたのではないでしょうか。

さて、それでは、外国語を身につけるためには、なぜ欧米式の読書技術教育が必要なのでしょうか。私は欧米式の読書技術教育を「テクストの分析と解釈・批判」と翻訳しました。英語式に「クリティカル・リーディング」の方が呼びやすければ、名称はどちらでも構いません。ここで問題にしたいのは名称のことではなく、なぜ外国語を深く学び、身につけるためには、テクストを分析したり、解釈したり、批判的に検討したりする技術が必要なのかということです。

「はじめに」の部分にもすでに記したように、私自身は西ドイツの高校に在学した当時、ドイツ語の授業や英語の授業で扱われた詩や小説について、議論のポイントが理解できずに苦労しました。

ところが今回、三〇年ぶりにドイツの高校（ギムナジウム）で、ゲーテの『ファウスト』の分析の授業に立ち会ってみて、驚いたことにその内容のほとんどを理解できる自分に我ながら驚嘆しました。ドイツ語力は、住んでいた当時に比べてはるかに低下しています。ところが、教師の質問内容を聞いただけで彼の意図が推測できるものですから、どのようなことを考えなければならないかが、日本語ですぐに浮かんできます。すると、生徒の側からほぼ予測した通りの意見がいくつか出てきて、私は自分の考えの方向が間違っていないことを確認することができました。

さらに驚いたのが、フランスでの授業見学でした。私がフランス語を学んだのは高校時代の二年間と大学での一年間のみです。フランス人に一般的な用件で話をされると聴き取りは困難ですし、自分から話ができるわけでもありません。ところが、このようにフランス語の能力が低いにもかかわらず、授業内容はかなり理解できました。教師が、登場人物の名前を挙げ、生徒に質問をし始めたとき、私はそれが登場人物の分析であると推測しました。そこで耳についた単語や教師が板書した単語を辞書で引きながら聞いていると、ほぼ授業内容を把握できたのです。また、「頭韻」という言葉が出てくれば、それが詩の形式分析であることが推測できました。このようにして、五〇分の授業中、自分なりのメモをとり、授業内容を想像しました。後から通訳の方に授業内容を説明していただいたところ、授業内容はほぼ私の推測通りでした。

スペインでの体験はもっと印象的でした。私はスペイン語を学んだことがなく、英語の中に入っているラテン語系の単語をどのようにスペイン語に読み替えるのかということは事前に学習しましたが、それ以外についてほとんど全くスペイン語の知識はありません。ところが、スペインで読書技術教育の研修に参加したとき、しばらくしてスペイン語に慣れてくると、通訳者の間違いに気づくようになりました。通訳の方は、スペイン語は堪能でしたが、スペインの読書技術教育を理解しているわけではなかったため、ところどころ辻褄の合っていない翻訳がありました。その時、私は自分の持っている読書技術の知識に基づいて、間違いを指摘することができたのです。これには私自身が驚きました。そもそも読書技術の学習に用いられる単語は、英語でもフランス語でもドイツ語でもスペイン語でもさほど大きく相違がないのです。ですから一つの言語で、その概念の意味を認識していれば、それを他の言語に応用することが可能になるのです。つまり、ひとたび西洋のいずれかの言語で読書技術を学習すると、その知識と技能は複数の言語に応用できることになるわけです。

知識と技能は言葉を越えて理解に繋がる

ここで私が皆さんに言いたいのは、私がドイツ語ばかりでなくフランス語やスペイン語もある程度理解できる、ということではありません。私が皆さんに伝えたいのは、「知識と技能が言葉を越えて理解に繋がる」ということです。それで私は皆さんに、外国語を身につけるためには欧米式の読書技術をまずは日本語で身につけることをお勧めするのです。言葉は所詮手段にしか過ぎません。それは考えるための手段であり、表現するための手段です。しかし、考えたり、表現したりするためには、そのための対象が必要になります。外国語を学ぶとき、とりわけ現地でその言語を学ぼうとするとき、ある程度文法が身につくと、中級レベル以上のクラスでは、必ずその国の文学などを用いた授業を受けることになります。言葉を学ぶわけですから、物語や短編小説を扱うことは語学学校としては当然のことでしょう。欧米の語学学校では、文章を分析し、解釈し、批判的に検討することが求められることになりますが、この時、日本語でそのための技術が身についていれば、私がスペインやフランスで経験したように、言葉が十分に分からなくても相当な部分を自分の持っている知識と技能で埋め合わせることができます。ところがこれを持ち合わせていないと、ただでさえ分からない外国語で、一から読み方そのものを学ぶことになり、時間がかかる割には苦労が報われないという結果に繋がりかねません。

「知識と技能が言葉を越えて理解に繋がる」ということについて具体的な例を挙げましょう。今度は私の例ではなく、スペイン人の友人の例です。彼女は日本人と結婚していて、日本語が堪能です。ご主人の転勤でデンマークに渡ったとき、彼女は熱心にデンマーク語を学びました。中級クラスになったとき、そこで実施されたのがデンマーク語のテクストを読みながらの「テクストの分析と解釈・批判」だったそうです。彼女をはじめ、ロシア人、イギリス人など、自国でテクストを分析するための手法を学んできた人々は、デンマーク語でそれが開始されても、何の苦労もなく、それぞれが拙《つたな》いデンマーク語ながらも議論ができたそうです。ところが全く議論に参加できなかったのがクラスに数名いた日本人だったそうです。クラス分けがなされているわけですから、この日本人たちの語学力が他の外国人に大きく劣ったわけではないでしょう。けれども、母語で文章を分析し、解釈し、批判的に考察する方法が身についているかどうかが、外国語で議論ができるかどうかに大きな影響を与えたのです。友人の情報では、分析力が最も高く、議論に大きく貢献していたのはロシア人だったそうです。これは社会主義体制下で育った彼らの、情報に対する姿勢が影響しているのでしょうか。ドイツも東西にわかれていた時代、東ドイツ人の方が西ドイツ人よりも分析力が高いと言われていました。フランコ政権下で育った友人も文章の分析を得意とし、彼女と一つの小説を巡って話をしていると、話題に尽きることがありません。

日本における語学教育の一例

外国語を身につけるために、「テクストの分析と解釈・批判」の技術が必要だということの具体的な例として、もう一つ、私のドイツ人の友人の例を挙げましょう。彼女は、長いこと日本の大学や大学院でドイツ文学を指導してきました。

日本人にドイツ文学を指導し始めたころ、彼女は当然のように日本でも「テクストの分析と解釈・批判」が指導されるものと思い込んでいたそうです。ですから大学の上級学年や大学院の授業では、ドイツ語の小説を学生に読ませ、それらを分析し、解釈し、批判的に考察するための議論をさせようとしました。ところが、学生から出てくる言葉は彼女の言葉でいえば、「小説についての印象ばかり」。その印象がどのような根拠に立脚するものなのかを訊ねても明確な答えは返ってこず、「分からない」「何となく」の繰り返しだったそうです。そのため彼女が思い描いていた授業は成立せず、何年か奮闘した挙げ句に、結局彼女は日本の大学で日本人の学生を相手に、小説などを分析する授業を断念しました。時間の無駄だと悟ったからだそうです。その代わりに、文法を教えたり、文章を日本語に訳したりする授業に切り替えたそうです。学生の能力やモチベーションに問題があったわけではありません。日本人が「テクストの分析と解釈・批判」の技術を学んだことがないということをドイツ人の彼女が知らなかったこと、そして学生の側も、自分たちが高校までに学んだ読み方以外の読書技術が世の中に存在することを知らなかったこと、原因はこれにつきるでしょう。

友人には私が何度か説明し、彼女はようやく日本の読解指導の在り方と、ドイツをはじめとする欧米の読書技術指導の在り方が大きく異なることを理解しました。しかし、ようやく理解したときに彼女が口にした言葉は、まさしく日本の国語教育の問題の本質を突いています。

だったら日本人は、国語の授業で一二年間もいったい何を学んでいるの？

日本における日本語学習者の不満

実は今の仕事を始める前、私は外国人に対する日本語教育の仕事に携わろうと、専門学校に行って勉強をしました。私が大学生の当時、大学にはまだ日本語教師になるための専門の学部はなく、私は商社勤めをするかたわら、専門学校で資格を取るために勉強をしたのです。そうした経験から、つくば研究学園都市に住む機会を得て、さまざまな国の人々と知り合うようになったとき、私は自然にボランティアで外国の友人たちに日本語を教えるようになりました。

私が日本語を教えた人々は、初級日本語学習者ではなく、中級日本語学習者でした。初級日本語の講座は複数あり、わざわざ素人の私が教える必要もなかったからです。中級日本語の講座ももちろんありましたが、かなり日本語のできるようになった外国人、特に欧米人は内容に不満を持っていました。その不満とは、「いつまで経っても文法しか教えてくれない」というものでした。欧米の人々は、自国の学校で小説などの分析をしながら議論をし、そこで考えたことを小論文にまとめるという授業を受けてきています。そしてそれは母語の授業だけでなく、外国語の授業でも経験しています。ですから、ある程度ある言語ができるようになると、今度はその言語を用いて、ある対象について議論しながら自分たちの考えを交換し合うことが彼らにとっては自然なことなのです。

議論の対象を文章に置くことは、外国語を学ぶうえでごく自明です。文章に使われている文法や語句、そしてその内容を理解することが、外国語の上達に繋がるからです。ただし、それだけでは外国語の学習は無味乾燥でおもしろくありません。ですから、読んだ内容について議論すること、書かれている文章を文法や語彙も含めて分析的に検討し、解釈し、批判的に考察することが彼らにとっては重要なのです。議論を通して、小説を表面的な言葉のレベルではなく、その背景にある文化や物の考え方まで理解できるようになるからです。欧米人の不満は、彼らが求めるような水準の日本語の授業を提供できる教師が、つくば研究学園都市にはいないということでした。そこで私がその部分を友人たちに教えることになったのです。もっともこれは教えるというより、私にとってこそよい勉強になりました。さまざまな文化背景を持った人々が日本語で短い物語を読み、その背景に何があるのかを考えるため、日本人同士では出てこないような発想がいろいろ出てきたからです。

私自身が外国人に日本語を教えた経験を通して言えることは、中級以上の日本語を、主に欧米の人々に指導したいと希望するなら、自分自身が欧米人の持つ読書技術を持たなければならないということです。そうでないと、いつまで経っても彼らが求めるような授業を提供できないからです。

5　さまざな教科に応用される読書技術

「テクストの分析と解釈・批判」は、詩や物語、小説、評論文などを母語の授業で扱うときにのみ実施されるのではなく、学校では広く他の教科にも応用されますし、社会生活の中でも論理的思考に基づく分析的・批判的な物の考え方は種々の事柄を考える際の基本、対象を捉える際の基本となっています。これについて具体的にお話しすると、「分析と解釈・批判」という物の考え方、あるいは技術が、いかに社会全体に広く浸透しているかが理解できるのではないでしょうか。

語学の授業への応用

すでに書いたように、例えばドイツでは、母語で指導した「テクストの分析と解釈・批判」の技術を中級以上の英語やその他の語学の授業に応用します。

私が一一年生（高校二年生）の英語の授業で経験したのは、ジョーン・バエズの詩の分析でした。授業では、例えばバエズの《Queen of Heart》の詩を教師が印刷して生徒全員に配布しました。生徒は、詩の形式、言葉の一つ一つの意味や象徴性を分析し、そうした分析に基づいて詩の内容を解釈し、さらにこの詩を通してバエズが社会に何を訴えようとしているのかを批判的に考察し、そして最終的に、英語で考察した事柄を作文することが義務づけられていました。ドイツ語さえ怪しい私にとって、この英語の授業は高度すぎ、毎回英語で書かなければならない小論文が感想文になってしまい、苦労しました。しかし、議論に参加できなかったにもかかわらず授業の内容自体は非常に楽しく、今でも鮮やかな印象として記憶に残っています。

社会の授業への応用

社会、とりわけ歴史と現代社会、経済などの授業は、資料を事前に読んだうえで実施されるため、当然のように「テクストの分析と解釈・批判」の能力が求められていました。

例えば、一一年生の歴史の授業はほぼ一年間にわたって「ナチズム」がテーマでした。この授業で用いられていたのは、歴史の教科書に加えて、『ナチス・ドキュメント』（ペリカン双書）という、ナチス時代の記録を収集した本でした。授業は、歴史的事実を「ドキュメント」に掲載された資料にあたりながら考察していくという高度な内容で、内容が内容のため、時には教師と生徒が激しく議論の応酬をするような場面もありました。授業はすべて議論を中心に進められていたのです。授業の目的はむろん、二度と同じ轍を踏まないこと、ナチス・ドイツの問題を真の意味で生徒に理解させることでした。ここで求められていたのは、厳密な資料の分析と批判的考察です。感想は一切許されず、また穴埋め式の試験もありません。今でも記憶しているのが、次のような試験問題です。

「独ソ不可侵条約がドイツにもたらしたメリットとデメリットを論ぜよ」

独ソ不可侵条約とはいうまでもなく、一九三九年に、ドイツとソ連のそれぞれの思惑が複雑に一致した挙げ句に締結された条約です。試験で求められていたのは、「一九三九年に、独ソ間で締結された条約は～の内容である」と、穴埋め式や数十字で書くことではなく、その条約がなぜ締結されるに至り、どのような思惑が双方にあり、どのようなメリットとデメリットがドイツにあったのか、国際情勢から見てその条約にはどのような意味や役割があったのかなどについて、歴史的資料に基づいて論述することでした。制限時間は三時間、持ち込み資料は『ナチス・ドキュメント』。つまり生徒は、細かい事柄を暗記している必要はなく（そのようなことは資料に記載してあるからです）、生徒に求められていたのは資料を分析し、検討し、自分自身の考えを提示することだったのです。私自身はこの問題を目にしたとたん、目の前が真っ暗になったことを記憶しています。父が偶然、『ナチス・ドキュメント』の日本語版を持参しており、試験への持ち込みを許可されたため、資料をすべてドイツ語であたるというハンディを背負わずに済んだことだけが幸いでした。

現代社会の授業も経済の授業も似たり寄ったりです。資料が与えられ、それについて議論をしながら分析的に、批判的に考察し、その結果を資料というデータに基づいて記述します。そうしなければ点数で評価されませんでした。重要なのは、資料を分析する技能を自分自身が持っていることだったのです。

芸術への応用

分析し、解釈し、批判的に考察する授業は芸術にも応用されます。西ドイツの学校に入って驚いたのは、音楽の授業でした。音楽では、楽譜を渡され、楽譜を見ながら、テーマが繰り返される意味、フォルテやピアノの意味、音階の意味、作曲者が分類される音楽史上の時期とそれが作曲者に与えた影響などを分析していくのです。音楽といえば、楽しく歌をうたって、楽譜の読み方を暗記し、楽器を上手に演奏すれば「5」をもらえた日本の音楽とは全く異なり、驚くほど専門的な内容でした。楽譜に記載された記号の意味や楽器の名前、音楽家の名前や音楽史上の彼らの位置づけを暗記していても、そのような知識はほとんど役に立ちませんでした。重要なのはここでも、音楽を自分なりに分析し、解釈し、自分の意見を言えることだったのでした。

関連した事柄を、今回の訪仏の際に、在仏二〇年の日本の方から伺いました。この方の友人A氏がフランスで美術館ガイドの資格を取るための試験に臨んだところ、ヴィンセント・ファン・ゴッホの絵が試験課題として出されたそうです。A氏がその経歴から作品についてまで自分の知識を詳細に説明したところ試験官たちは一様に奇妙な顔をし、結局この試験には通らなかったそうです。なぜでしょうか。試験官が求めたのは、美術書に記載してある説明の繰り返しではなく、A氏自身による絵の構造や形式、画法や色、内容などについての分析だったからです。美術書に書かれたことがらは美術書を読めばよい、という考え方です。ヨーロッパの人々はそれよりも、個人の教養に根ざした深い分析力や解釈力を評価するのです。従って、誰にでも読める形ですでに記述された事柄を、勉強した成果としての知識として披瀝しても、それは「暗記に過ぎない」として尊重されなかったのでしょう。「日本人には、ゴッホと言われれば語りたいことがたくさんある」とお話を伺った方はおっしゃっていました。けれどもフランス人がゴッホについて語りたいことは日本人とは異なるというわけです。

絵の分析からテクストの分析へ

最後に本書の構成について、簡単に説明しましょう。本書には、本題である第三章「本の読み方」(「テクストの分析と解釈・批判」)に進む前に、第二章に「絵の分析」を入れてあります。なぜ、目的地に到達する前にわざわざ寄り道をするのでしょうか。それには理由があります。

「テクストの分析と解釈・批判」を行なうには、書かれている文章を厳密に観察する必要があります。何となく適当に読むのではなく、どのような言葉がどのような文法を用いて、どのような文脈の中で遣われているのか、一つ一つを疎かにせず詳細に読んでいきます。そして自分の意見は、必ず書かれたことがらを根拠にして論証しなければなりません。ところが、文章の中に根拠を探す作業は慣れないと時間がかかり、何度読み返しても適当な根拠がなかなか見つからないこともしばしばです。

私が中学生に「テクストの分析と解釈・批判」を指導し始めた頃、中学生たちがいつも突き当たったのが「根拠が発見できない」という壁でした。どのように読めば根拠が見つかるのか、さらには書かれた事実を根拠にして自分の考えを支えるとはどういうことなのか、こうしたことが感覚的に理解できないため、彼らは同じところを何度もグルグルと読み返すばかりで、文中の適当な部分を指摘することがなかなかできないのでした。このような壁に突き当たって私が導入したのが「絵の分析」です。私は絵本の読み聞かせを日課としていた子育てのなかで、幼い子どもの観察力が大人のそれをはるかに凌ぐこと、さらに子どもに絵本の内容や絵について質問すると、彼らが絵本の絵を指さしながら自分の考えを論証する作業を自然にすることに気づいていました。例えばこんな具合です。

私　ここはどこかな?

子　ここは森の中だよ。だってね、木がたくさんあるでしょう。それに大きな石もあるよ。あとここにほら、キツネがいるよ。こっちにいるのは熊だよ。あ、ここにウサギも隠れてる。ほらね、耳が見えるよ。

このようにして、幼い子どもは次から次へと絵の細かい部分まで観察し、絵を読み取っていく能力を持っているのですが、この能力の応用がまさに「テクストの分析」にも必要でした。つまり、右の子どもとのやりとりを例にとれば、観察力を発揮して絵の中からできるだけたくさんの根拠を探し出し、「森の中」という仮説を論証する能力です。こうした能力を、絵を分析することを通してあらかじめ鍛えておけば、中学生になって文章の分析をする際に、大して苦労せずに「テクストの分析と解釈・批判」ができるようになるのではないかと私は考えたわけですが、結果は予想通りでした。「絵の分析」も「テクストの分析」も、対象こそ異なるものの、自分の考えを支えるための根拠を、対象となる絵、あるいはテクストの中から探し出し、それらを相互に論理的に関連づけながら読み解いていくという方法自体に大きな相違はないからです。

その後の調査で、ヨーロッパの多くの国々で幼児教育のなかに、子どもに絵を見せたり、絵本を見せたりしながら分析的に考えさせる訓練が入っていることも明らかになりました。また、スペインのモンセラ・サルト女史が考案した「読書へのアニマシオン」もまさにそのような構成になっています。つまり一枚の絵の分析から始まり、絵本の分析、そして一冊の本の分析へと繋がるように、

「読書へのアニマシオン」の内容は構成されているのです。

現在、私は教室を開き、幼児段階の絵の分析、ならびに絵本の読み聞かせ（＋分析的質問）から高校生の「テクストの分析と解釈・批判」まで同一線上の技術の訓練として捉え、指導を行なっています。絵の分析をしっかりと積み上げた生徒は、テクストの分析能力も高く、彼らが絵の分析で培った観察力、分析力、論証力をテクストの分析に応用しているのは明らかです。読者の皆さんが大人になってから「テクストの分析」を学ぼうとする場合も、一見まわり道のようですが、「絵の分析」を通してまず観察する能力、分析する能力、事実に基づいて論証する能力、そして観察した事柄を相互に論理的に関連づける能力を養ったほうが、結果的には「テクストの分析」に早く到達することができるでしょう。さらにそれだけではなく、分析的に読むことの面白さ、楽しさを、「絵の分析」を通して実感として味わうことができれば、「テクストの分析と解釈・批判」に対する興味も自ずと湧いてくるのではないでしょうか。

第二章　絵の分析

第二章では、「絵の分析」について説明しましょう。すでに前章で述べたように、「絵の分析」は、「テクストの分析」の基礎力を養います。最初から文章を分析しようと気負ってしまうと、文字の細かさに圧倒されてしまい、分析の方法を理解する前に文章を放り出してしまうことになってしまうかもしれません。そこで、文字よりも見ることのたやすい絵を用いて、分析の方法自体を身につけましょう。「絵の分析」は幼児からの実施も可能ですので、幼児期に対象を分析的に検討する能力を身につけておくと、どのような対象でも分析的に検討することができるようになります。大人になってから文章の分析を学ぶ場合にも、いきなり文章の分析をして苦労するより、簡単な絵を用いて分析の方法自体を理解してから文章の分析に進んだ方が、技術の身につき方が速やかなうえに、分析の手法が種々の対象に応用できることも理解できるようになるでしょう。

ところで、「絵の分析」には、「テクストの分析」の基礎力の準備としての役割だけでなく、絵について語る言葉、自分自身で絵について深みのある会話をする力を育てる役割もあります。一枚の絵について、自分自身の考えや発見を分析的に語ることが日本語でできれば、外国語で会話するときにも絵について語ることができるようになるでしょう。そうなれば、例えば第一章で述べたような美術館ガイドの試験をフランスで受けようとする場合、美術書に書かれたことの丸暗記ではなく、絵について自分自身の考えを語ることができるようになるでしょう。

本書の執筆中に、実は私はドイツへ旅行し、ドレスデンの美術館で絵を見てきました。このとき私は図らずも、「絵の分析」を通して見ず知らずのドイツ人と興味深い会話をする機会に恵まれました。

私が美術館で絵を見ていると、家族連れと思われるグループのなかの年配の女性が若い娘たちに一枚の絵について分析的な説明を始めました。それはテーブルの上に乱雑に置かれた食べかけの食べ物や食器、割れて中味のこぼれたワイングラス、懐中時計などの描かれた静物画でした。この絵について女性は、「絵は過ぎ去った時間を表現している」と仮説を立てたうえで、その理由を絵の中に観察できる根拠に基づいて詳細に説明しだしたのです。私は思わず引き込まれ、その説明に聞き耳を立ててしまいました。しばらくすると私の様子に気づいた女性が声をかけてきたので、私は、

「あなたの分析があまりに興味深かったので、思わず聞き入ってしまいました」と断ったうえで、絵に象徴的に描かれた静物の意味や絵全体が見るものに与えるメッセージについて、しばしこの女性と歓談しました。これは私にとって非常に興味深い体験でした。このように、絵について単に印象を語るだけでなく、分析的に読んで考えることができると、そこから思いがけず知的で深い会話に発展する可能性があるという、これは一つのよい例にはならないでしょうか。

1　「絵の分析」とは？

皆さんは絵を見るときに、どのような見方をしますか？　絵にはさまざまな見方があります。皆さんもこれまでいろいろな方法で絵を見てきたことでしょう。

＊さすがにルノワールの絵は素晴らしい！
＊きれいな色遣いだなあ。どんな色を重ねているのだろう。
＊いい絵だわ。心が洗われるよう。
＊どのような構図になっているかしら？

＊何を表現しているのだろうか？
＊画家はどのような人なのか。どうしてこのような絵を描いたのか。パンフレットにはなんて書いてあるかな？

誰でも一枚の絵を目の前にすれば、「いったい何が描かれているのだろうか」と考えることでしょう。「絵の分析」は、この考えを掘り下げることが目的です。ただし、絵画に関する専門的な知識は必要ありません。専門知識があれば、むろんさらに深く絵を分析することができるでしょう。しかし、そうなると今度は、一枚の絵を分析する前に必ず専門知識が必要ということになってしまい、絵を分析するのが億劫になってしまうのではないでしょうか。ここで必要なのは、自分自身で絵を読む方法を身につけることです。専門知識は、絵を読む際の助けにはなりますが、それがなくとも自分なりに絵を読むことはできます。目の前にある絵を、画家の経歴や人生、所属する時代、分類される主義などから切り離し、その絵そのものだけを分析し、その意味するところを読んでみましょう。「絵の分析」が幼児や小学生にもできるのは、絵から画家という背景を切り離し、絵そのものを読むからです。ところが、そのようにして絵を分析しているうちに、逆に次第に画家の背景に興味が湧き、背景までも含めて絵を分析できるようになります。

もう一度整理しましょう。「絵の分析」の第一段階では、絵そのものの分析方法を身につけ、分

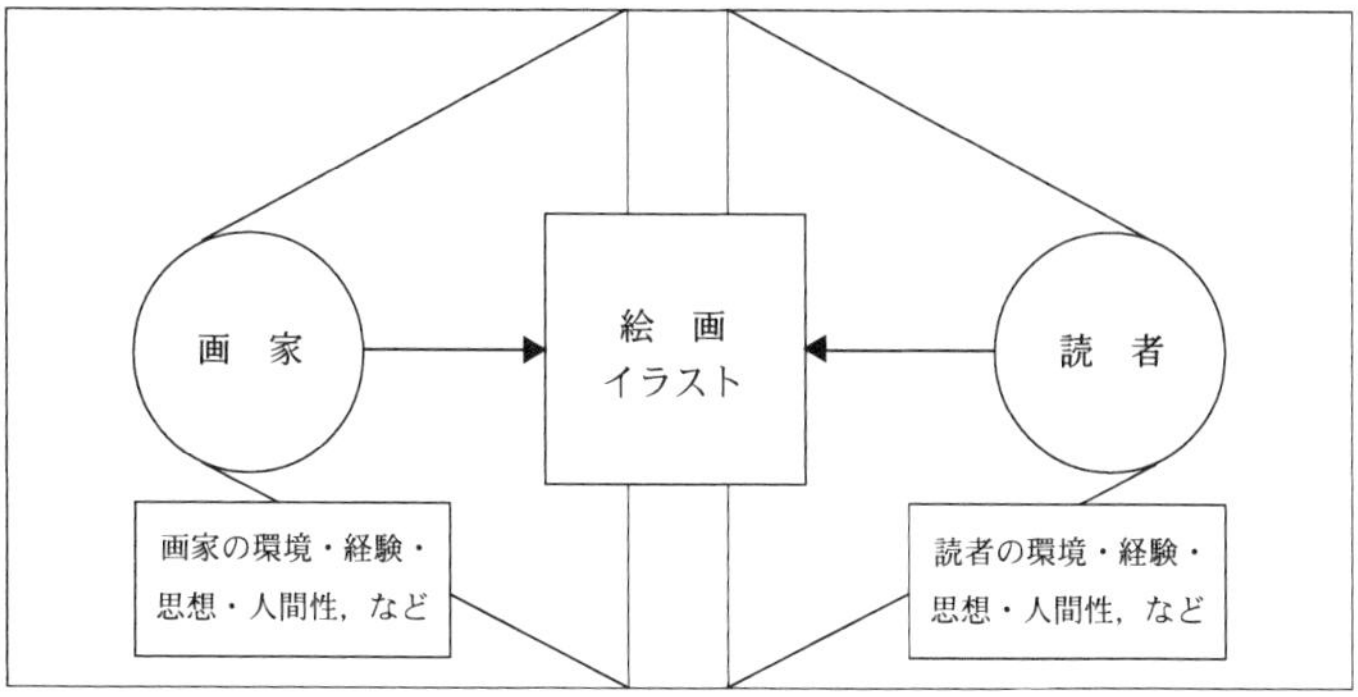

絵画やイラストは，画家の手を離れてひとつの独立した作品であると捉える．読者は絵を画家という背景から切り離して，絵そのものを分析する．

析方法のみを使って絵を読みます。そして第二段階では、絵の背景にある事柄を含めて絵を読みます。第一段階では、絵を読む人（表では「読者」としました）は、絵の背景にある画家や時代に配慮を払う必要はありません。絵そのものを独立した対象として分析します。絵を描いた画家自身はある時代に生き、生活をし、出自や受けた教育からさまざまな思想を持ち、そうした諸々の事柄が画家の描く絵に影響を与えています。けれども第一段階では、そうした事柄を一切無視し、絵だけを見て、そこに何が描かれているのかを考えてみましょう。その際、画家の名前や絵のタイトルも不要です。絵のタイトルは、絵を分析した結果、自分で考えます。第二段階で絵についての専門的な事柄を読めば（こうしたことはパンフレットや画集に詳細に説明されているのが一般的です）、絵をさらに深く分析することができるでしょう。しかし私のこれまでの経験では、第一段階で相当に深く絵を分析できるため、第二段階の分析は、自分の考えの確認や絵についてのさらなる知識を得るためのものとなります。

2 「絵の分析」の例

「絵の分析」については、美術を専門に学んだ人であればともかく、そうでない方にはいったいどのようなものを指して「絵の分析」というのかが理解しにくいことでしょう。そこで、実際に小学四年生の子どもたちと「星月夜」(ヴィンセント・ファン・ゴッホ)の絵の分析を行ない、子どもたちがその後に書いた作文をここに掲載しましょう。子どもたちには、絵だけを見せて議論しながら分析させ、最終的にタイトルと画家の名前を教えました。子どもは作文をする段階では、画家の名前とタイトルを入れています。

星月夜(ヴィンセント・ファン・ゴッホ)

四年男子(平成十一年九月入会)

これからぼくは、ヴィンセント・ファン・ゴッホの「星月夜」の絵の分析を始めます。

場所は、山に囲まれた盆地の中の外国の村です。山に囲まれた盆地の理由は、まず村の奥に山がいくつも連なっていて、村を囲むように描かれているからです。山はたくさんあり、木もたくさんあります。また、建物の数が少ないからです。外国の理由は、塔のある建物があるからです。村の中の建物の様子が日本の建物とちがうし、町の中心に教会があります。これは日本ではなく外国の村の様子です。

季節は、夏か秋の始まりです。それは、木の葉が青々としていて、葉が生い茂っているからです。また、畑に作物ができているように見えるからです。もし秋なら、葉が紅葉しているはずです。もし冬なら、葉がほとんど落ちているはずです。

天気は晴れですが、少し雲があって、風があります。晴れの理由は、星や月の光が強いからです。どうして星や月の光が強く見えるかというと、星や月のまわりを短い線がグルグルと囲んでいて、輝いているように見えるからです。また題名が「星月夜」だからです。もし曇りや雨だったら星や月は見えないはずです。もし霧だったら、絵がぼやけているはずです。空の真ん中あたりには雲みたいなものが渦巻いて動いています。風があるというのは、雲みたいなものが渦巻きのように動いているからです。

時間は夜です。でもほとんどの人がまだ起きている時間です。夜の理由は、月と星が見えているからです。それに辺りが暗いからです。人が起きている時間の理由は、家の電気がたくさんついているからです。家の窓が黄色いので電気がついていると分かります。

この絵を見てぼくは、上の方が暖かくて、下の方が冷たいと感じました。理由は二つあります。一つ目は、上の方は山吹色や黄色、だいだい色、明るい緑色、白などの明るく暖かい色を使っているからです。そして、星や月が明るく、暖かく輝いているからです。二つ目は、下の方はあい色や群青色、青、深緑などの暗い色を使っているからです。

この絵を見てぼくは、不思議な感じがしました。雲が渦巻いていて、風のように見えるからです。そして、渦巻きをじっと見ているうちに、なんだか目が回って、酔ったような気分になったからです。それに左側の木がゆらゆら揺れているように見えて、絵全体が不思議な感じがします。

これでぼくは、ヴィンセント・ファン・ゴッホの「星月夜」の絵の分析を終わりにします。

（平成十五年一月）

この男の子は小学校一年生から教室で絵の分析を経験してきました。私の教室では皆で絵を見ながら分析していきます。正答は一切なく、それぞれが絵を読んで、自分の考えを絵の中に発見した根拠に基づいて発言します。この「星月夜」の絵の分析を経験した小学校四年生たちには、ゴッホについての知識は全くありません。彼らが見ている本にはタイトルは書いてありますが、英語なので彼らには読めません。ですから彼らは純粋に絵だけを見て分析しています。その結果をまとめたのが先の作文です。タイトルは、種明かしとして最後に教えました。タイトルが「星月夜」であることを聞いて、子どもたちからは、「当たった！」「やっぱり夜だ！」「本当に月だったんだ！」と

ゴッホ「星月夜」

ミレー「落穂拾い」

いうような歓声があちこちからあがりました。こうした歓声の内容から、子どもたちが「絵の分析」に一種のゲーム感覚で取り組んでいることが分かります。

子どもたちはゴッホの絵の特徴についての知識は持っていませんでしたが、議論ではゴッホ特有の渦巻きや短い線、糸杉などが不思議な感じに見えるという指摘がたくさんあり、それが作文にも書かれています。彼らは美術書に書かれているようなゴッホについての情報は持ち合わせていませんが、自分たちなりにゴッホの絵を分析することはできています。

もう一つ例として、今度は中学三年生がミレーの「落穂拾い」について分析した結果をお見せしましょう。中学生たちには、文章を分析するための下準備として、そして教養ある会話ができる日本人になることを目的として「絵の分析」を指導しています。ミレーの「落穂拾い」の分析は、現在私が非常勤講師として「言語技術」を指導している麗澤中学・高等学校（千葉県）の中学三年生たちに、一学期の期末試験として実施しました。生徒たちには、「ミレーの絵を分析しなさい」という指示を与えただけでしたので、彼らの手元にあったのは絵と原稿用紙のみです。一二〇名弱の生徒たちのうち、タイトルを知っていたのは二〇名程度、その二〇名のうち、「落穂拾い」の意味を知っていた生徒は皆無に近い状況でした。にもかかわらず生徒たちの多くが「落穂拾い」の絵の意味まで探り、二割程度の生徒たちは、美術評論家の解説とほぼ同じようなことを書いていました。試験時間は五〇分。その間に、絵を分析し、意味を考え、一〇〇〇字程度の作文にまとめるというたいそうな作業を生徒たちは行なったのです。

「落穂拾い」について、生徒たちはこれまで学んできたのと同じように、場所や季節、天気や時間、中心に描かれたものなどを絵の外枠から分析していき、最終的にはバラバラに分析したことがらを論理的に相互に関連づけ、絵の深い内容を探り出そうとしました。生徒たちが読み取ったのは、次のようなことがらです。

◇この絵には三種類の階層に属する人々が描かれている

後方には馬に乗った人と麦の収穫をしている人々がいる。前方に三人だけ女性がいる。馬上の人物は収穫を監視・指図する監督官のような人物、後方の人々は監督官に指図されて収穫をする人々、手前の女性三人はそれらには属さない人々。

◇手前の三人の女性は社会的地位が低く、差別されている

後方には光が当たり、前方には光が当たっていない。前方の人々は影に覆われ、下を向いたまま落ちている麦を拾っている。後方の人々は、監督官に指図されながらも、光の中で収穫の喜びを感じている。前方の人々は、社会の影の中、社会の底辺に生きる人々で、後方の人々の輪の中に混ぜてもらえない人々、つまり差別されている人々。手前の人々と後方の人々との間にはかな

りの距離があいていることから、厳しい差別がある。

◇三人の女性は人生に疲弊し、諦念と悲哀を感じている
　女性たちが影に覆われている。女性たちは顔をうつむけ、手前に描かれているにもかかわらず表情が描かれていない。

◇三人の女性たちは、収穫時に取りこぼされた麦を拾っている
　女性たちの手にはわずかながらの穂が握られている。彼女たちの手に握られている穂がわずかであり、地面に落ちている穂がほとんどないにもかかわらず、彼女たちがさらに腰を屈め、作業をし続けている様子から、彼女たちは収穫時に取りこぼされた麦を拾って生活の足しにしていると考えられる。

中学三年生の生徒たちが行なった「落穂拾い」についての分析結果は、美術評論家の解説を事前に読んだのではないかと思われるほどの内容になっていました。ちなみに解説書には、次のように「落穂拾い」について説明されています。

……ミレーは、実際にはクールベと異なり、社会批判の意図はもっておらず、作品に政治的含みをもたせることはなかった。彼は本作品において、農民生活のありふれたひとこまを描こうとしただけだった。落穂拾いの許可を得た三人の貧しい農婦がシャイイの大平原で、ゆっくりした重々しい動作、明確かつ静謐なリズムで、刈り入れ人夫が取りこぼしていった麦の穂を拾っている。本作品は二つの部分に分けられよう。まずバックでは、馬に乗った作業監督に見張られた刈り入れ人夫たちが、豊作の麦の穂を荷車に積んでいる。大地に向かって身を屈めている、前景の三人の落穂拾いたちは、まったく別の世界に属している。画面上方に描かれた長い地平線が、あたかも落穂拾いたちを奢侈や富の世界から隔てているようだ。そのうちの二人は規則正しく機械的な落穂拾いの作業に没頭し、三人目は疲れた腰を伸ばしている。彼女たちの顔は明確に描かれておらず、光線は背や肩や腕、手に当てられている。……

（カタログ『ミレー三大名画展ヨーロッパ自然主義の画家たち』［二〇〇三］より）

3　「絵の分析」の方法

「絵の分析」は、具体的な分析方法を用いて行ないます。何となく絵を眺めているだけでは絵は読めるようにはなりません。絵を読むためには、読むための前提となる分析の方法を知る必要があります。ここではその具体的な方法を説明しましょう。

全体の情報から部分の情報へ

「絵の分析」は基本的に、全体像を捉えてから細部の分析を行ない、部分の分析、細部の分析をした結果を論理的に相互に関連づけ、それらを再び全体に戻して内容を理解するという手順を踏みます。つまり、全体の情報、大きな情報から部分の情報、小さい情報、そして再び全体へと、秩序だった視点の移動を用いて行ないます。こうした対象の観察の仕方は、小著『外国語を身につけるための日本語レッスン』において説明した「説明の技術」と基本的に同じです。このような順序で絵を観察し、分析していくと、絵の全体像を捉えたうえで、全体と部分の関係が見えるようになり、絵全体に対する理解が深まるのです。

絵の全体像を把握することは、絵のテーマを捉えるためにも重要です。全体像が把握できない限りテーマに到達することはできないからです。絵の全体情報を捉えると、絵に何が描かれているかをおおよそ摑むことができるため、テーマに至りやすくなります。

絵における全体の情報、大きな情報とは、おおよそ次のようなものです。

＊テーマ

＊設定【場所・季節・天気・時間・時代背景など】
＊人物【動物・もの】

全体像、つまり大きな情報を分析する際には、「設定」や「人物」などを中心に絵を見ます。つまり、どんな場所を描いた絵なのか、季節はいつなのか、天気はどんな様子か、時間はいつ頃なのか、誰が描かれているのか、などがこの時点での分析対象です。絵における５Ｗ（いつ・どこ・だれ・なに・なぜ）を見るのが、この時点での作業というわけです。「なぜ」は、絵の中に必ず根拠を見つけます。「星月夜」の分析で四年生の子どもが行なっているように、時間が「夜」だと考えたら、「夜」の理由を、絵を観察してできるだけたくさん発見するのです。

絵の全体像、あるいは絵の外枠を分析できたら、次には絵の内容の分析に進みます。つまり、「何」が起こっているのか、「何」が描かれているのか、「何」を意味しているのかを分析するのがこの段階です。「何」を捉えるためには、部分をじっくり観察して分析する必要があります。そして、細かい部分を分析したらもう一度全体に目を移し、部分と全体との関係を考えながら絵全体の意味を捉えるのです。

「絵の分析」のための手掛かり

絵を全体から部分への順序で系統的に分析するためには、そのための手掛かりが必要になります。

この手掛かりを理解していないと、思いついたことから闇雲に分析することになり、結果的に絵に描かれているイメージの意味を捉えられないことになるからです。「絵の分析」のための手掛かりとしては次のような項目があります。これらは、基本的に文章を分析するための手掛かりとほとんどの点で同じです。

＊テーマ【主題】
＊設定【場所・季節・天気・時間・時代背景など】
＊人物【動物・もの】
＊象徴
＊色彩・色調
＊タッチ
＊構図

①テーマ【主題】

「絵の分析」の際には、最初に「絵に何が描かれているのか」を摑みます。これは最終的に絵のテーマ、あるいはメッセージを捉えるためにも重要な作業です。絵にはさまざまなものが描き込まれていますが、画家やイラストレーターは、そうした部分を統合した全体で何らかのメッセージを表現しようとしているのが一般的です。このメッセージを自分で考え、引き出すことが、「絵の分析」の一つの大きな目的です。

絵について最初に考えることは第一印象なのではないか、と考える方がいらっしゃるかもしれません。しかし、絵についての第一印象とは、「きれい」「なんだか怖い」「不思議だ」というような言葉です。こうした言葉をそれ以上掘り下げようとすると、自分の印象の原因を探る必要が出てくるために、結果的にもう一度絵を観察する必要が出てきます。そこで最初から、「この絵には何が描かれているのだろうか」と考えた方が、絵に近づくには適しているのです。つまり、「農婦の絵」「夜の星空の絵」という具合に絵を捉えた方が、その先の分析を経てテーマを取り出すのが容易になるのです。

すでに述べたように、絵のテーマについては、最初に絵を見た段階で完全に捉えることはできません。テーマの発見は「絵の分析」の最終目標ですから、部分の情報を分析してからもう一度最後にテーマについて考察する必要があります。しかし、最初に大まかにテーマを捉えてから出発すると、分析が容易になるばかりでなく、方向を誤らずに分析を進めることができます。これは科学の実験に似た作業です。「絵の分析」の過程は、仮説を立てて実験をし、最終的に仮説が証明される科学実験の過程とよく似ているのです。

②設定【場所・季節・天気・時間・時代背景など】

「設定」は、絵の全体を捉えるために大変重要な情報です。絵をじっくりと観察して「設定」の情報を探り出し、絵の中に自分の考えの根拠を発見します。

●場所

場所はどこか。どのような場所なのか。屋外なのか。屋内なのか。校庭なのか。公園なのか。図書館なのか。書店なのか。公共の場所なのか。私的な場所なのか。現実の場所なのか。空想の場所なのか。山の近くなのか。海の近くなのか。都会なのか。田舎なのか。日本なのか。外国なのか。どこの国なのか。ある歴史的事件の起こった場所なのか。

●季節

季節はいつなのか。何月頃なのか。秋であれば、初秋なのか、中秋なのか、晩秋なのか。屋内の絵、あるいは人物や動物などからだけでも季節が分析できるものもある。

●天気

どのような天気か。屋内の絵でも間接的に天気が分析できるものもある。

●時間

何時頃なのか。朝なのか。昼なのか。夕方なのか。夜なのか。午前なのか。午後なのか。日中なのか。日没後なのか。時計がなくても、描かれている絵の状況からおおよその時間を分析できる。

●時代背景

時代の背景分析も絵を理解するために重要です。いつの時代なのか。過去なのか。現代なのか。未来なのか。何か歴史的事件と係わっていないのか。係わっているとしたらそれはどのように表現されているか。

③人物【動物・もの】

絵に描かれている人物や動物、物などを分析します。絵においては人物ばかりでなく、動物や物なども重要な意味を持っている場合がありますので、絵の中で何が重要かを事前に判断する目を持つことも大切です。

絵の中心に人物などが描かれている場合、つまり絵において人物などが重要な場合の分析は、二段階に分けて行ないます。

第一段階　全体の情報としての分析

人物や動物、物などを全体の情報、大きな情報として捉えます。つまり、誰（何）が描かれているかを大まかに捉えます。

第二段階　部分の情報として分析

人物などの年齢、性別、服装、表情や行動、仕草などを詳細に観察します。そして、人物などの外見のみならず、どんな心理状態にあるのか、何を考えているのか、どのような性格なのか、どのような話をしているのかなどまで分析し、推測します。これらは、絵の中で何が起こっているのか、画家が絵を通して伝えたいメッセージは何か、というところへ繋がっていきます。

④象徴

絵の中には、何かの象徴として広く社会的に認知されている物がさりげなく描かれている場合もあれば、その絵の中で象徴性を与えられている物が描かれている場合もあります。「象徴」は、テーマを探り出すのに重要な働きをします。絵の全体の情報量において、「象徴」の占める割合は大変大きなものですが、絵を分析する際に最初から象徴性を持った物を発見するのは困難です。ですから、「象徴」は部分の情報として扱い、細かく分析する際に探り出します。

⑤色彩・色調

色調や色彩は、絵でこそ細かく分析することができます。もちろんテクストからも色彩や色調を分析することはできます。しかし、こうしたものを完全に文章で表現するのは不可能です。ですから、色彩や色調は、絵でこそ分析のしがいがあるのです。

絵全体がどのような色合いで描かれているのか。どんな色遣いがなされているのか。例えば、重要な人物がどのような色の衣服を身にまとっているのかについて分析することは、絵を理解するうえで大変重要です。人物の青い衣装が、その人物の深い哀しみを表現している場合もあるでしょうし、真っ赤な衣装から人物の情熱を表現していることもあるでしょう。絵全体の柔らかな色調から、穏やかで優しいイメージを受け止めることもできるでしょう。いずれにせよ、色は「絵の分析」において非常に重要な分析の要素となります。

⑥タッチ

タッチも絵ならではの観察対象です。絵がどのようなタッチで描かれているのか、それがどのような印象を与えるのか、どのような意味を持っているのかなどが分析の対象となります。例えばゴッホのタッチは見る人にどのような印象を与えるでしょうか。ぼやけたようなにじみを生かしたタッチは、人物のどのような心情を表現しているのでしょうか。

⑦構図

絵の構図について分析します。画家やイラストレーターは、自分の考えを表現するためにさまざまな構図を用いて絵を描きます。絵のその部分はなぜそのような切り取り方で描かれているのか、なぜ遠近法が使われているのか、なぜ木が手前から奥に一列に並ぶように描かれているのか、それらが絵にどのような意味を与えているのかなど、絵をじっくり観察し、絵の構図について考えてみます。

「絵の分析」は、必ずしもいつもすべての手掛かりを用いて行なう必要はありません。一枚一枚の絵の特性に応じて、必要なことがらを分析すればよいのです。とりわけ絵を分析する作業に慣れないうちは、すべての手掛かりを使って分析しようとするとそれだけで重荷になりますから、最初のうちはすべてを分析しようと気負う必要はありません。慣れてくると自然にいろいろなところに気づくようになり、深く分析できるようになっていきます。

［図１］

[図 2]

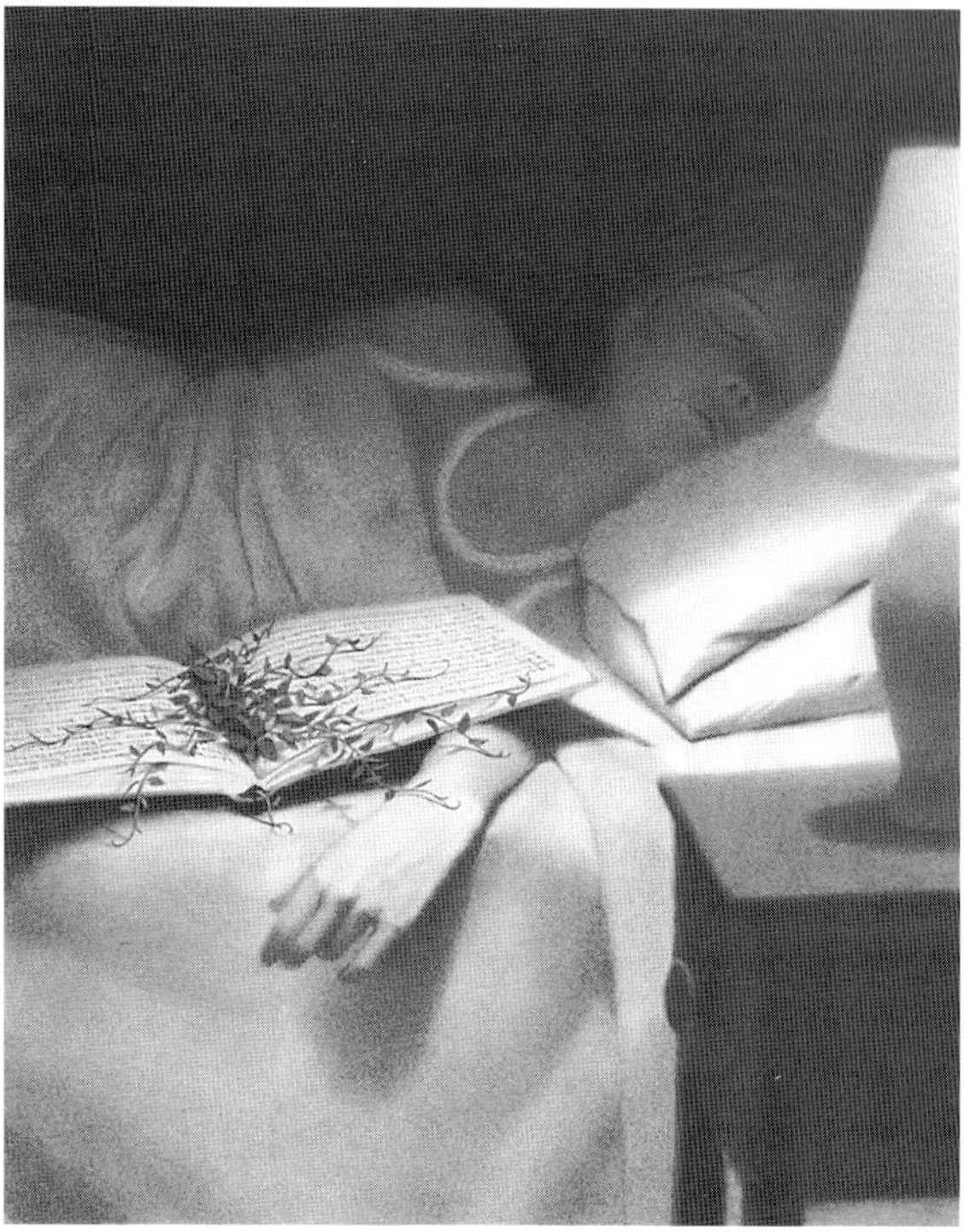

«a sleeping girl lying with an open book on her wrist»
from THE MYSTERIES OF HARRIS BURDICK
by Chris Van Allsburg

[図 3]

Edward Hopper(Nyack, New York, 1882-New York, NY1967),
Route 6, Eastham, 1941,
oil on canvas, 27"×38", Swope Art Museum, Terre Haute, Indiana./G.I.P. Tokyo

［図 4 ］

4　「絵の分析」をやってみよう

(1) 交通標識の分析

「絵の分析」の最初に、皆さんが日々の生活の中でよく目にする交通標識の分析を行ないましょう。口絵ページの交通標識［図1］には、「横断禁止」の言葉が左下に入っています。けれども、文字が入っていないとしたら、この標識は「横断禁止」には見えないのでしょうか。標識は、文字が読めない子どもや外国人に対しても効果のあるものでなくてはなりませんから、本来は文字がなくても認識できる「絵」になっているはずです。では、なぜ文字がなくても「横断禁止」に読めるのか、絵を詳細に観察し、分析してみましょう。

分析するためには、絵の構成要素を分解してみます。交通標識の場合は、「場所・季節・天気」などの項目を用いることができません。色や象徴的に単純化して描かれた絵を分析し、「横断禁止」の意味を引き出します。

交通標識の「横断禁止」を分析する際に、私が生徒たちに行なう質問を次に示しますので、まずはご自分一人で考えてみてください。

①この交通標識は、何の標識ですか?
②「横断禁止」という文字がもし読めなくても、この標識が「禁止」を表現しているらしいと推測できるのはなぜですか?
具体的に「禁止」を表現しているのはどこか、なぜそう考えられるのかを示しなさい。
③「横断」というからには、道路か何かを渡ることを意味します。道路があるのは「外」です。ではまず、どこから「外」だと分かりますか? 「外」であることを示すものが絵に描かれていますか?
④次は「道路」についてです。絵のどこが「道路」を示していますか? なぜそれが「道路」だと分かりますか?
⑤次は「横断」についてです。絵に描かれている人は、道路を渡ろうとしているのですか? そうだとするとそれはどこから分かりますか?
⑥人が手前の線を渡って奥の線の方へ向かっているということは、どこを見れば分かりますか?
右の各質問については、一つ一つ絵の中に発見した根拠で論証しながら答えていきます。答えは一つではなく、一つの質問に対し、いくつかの答えが考えられます。一つ一つの質問に対し、絵を

よく観察して分析し、自分なりの答えを導き出してみましょう。次に答えの例を示します。

①「横断禁止」

②「禁止」を表わしている部分は二つある。

a　周囲を囲む赤い色

b　斜めに入っている赤い線

＊赤は信号機でも「止まれ」を意味する。交通信号で「止まれ」を意味する赤は、交通標識でも「止まれ」、つまり「してはいけない」ということを意味するはずである。

＊何かの上から線を斜めに引くときには、それが「駄目であること」「やってはいけないこと」を意味する。ここでは、赤で斜めに線が引かれているので、そこに描かれていることは、してはいけないことを意味するはずである。

③「外」であることは、人物が被っている帽子から判断可能。帽子は一般的に屋外で被るもの。人物が帽子を被っていることから、そこが屋外であると言える。

④人物の足もとに二本の平行な線が引かれている。線は人物の足もとにある。線は平行である。以上のことから、それら二本の線が道路であると判断可能。

⑤人物は道路を横断しようとしている。判断材料は次の点。

人物の片方の足が手前側の線を踏み越えている。そのつま先が奥の側の線の方向に向いている。
⑥人物は手前の線をまたいで奥の線の方へ渡ろうとしている。判断材料は次の点。

a　人物は歩いている。左右の手足が一本ずつ前に出ている。

b　人物の腕が奥の側の線に向かって振り上げられ、肘《ひじ》が下に向かって軽く曲がっている。人物の腕が奥の線に向かって振り上げられていることは、手が奥の線の方向に向いていることから分かる。

c　人物の前に出された足の膝《ひざ》が、奥の側の線の方向に曲がっている。その足のつま先は奥の方の線に向かっている。後ろ側の足のかかとが上がっている。

d　人物は左側を向いている。人物が左側を向いていることは、あごが左側を向いていることから分かる。そのあごの向いた方向に道路の奥の側の線が引かれている。

以上のようにして、交通標識「横断禁止」に描かれた絵を、小さな部分に分解して分析していきます。分析したことがらを統合すると、この交通標識を「横断禁止」と読める理由がはっきりと見えてくるはずですが、いかがでしょうか。

（2）イラストの分析

次は簡単なイラストを用いて、「絵の分析」の方法を練習しましょう。交通標識の次のページにある［図2］のイラストについて、場所・季節・天気・時間・何が起こっているかなどを分析してみましょう。絵には、街なかの喫茶店に座る男女の二人連れが描かれています。

①場所はどこか

場所については、二種類の場所について指摘する必要があります。

a　人物が今、現在いる場所はどこか。

b　その場所自体はどこにあるか。

a　人物が今、現在いる場所はどこか

場所は「喫茶店」です。なぜそう言えるのでしょうか。そう言える根拠を絵の中で指摘しましょう。

＊人がたくさんいて、その人たちが座って話をしている様子だから。

＊テーブルが小さな丸テーブルだから。もしレストランなら、食事をするので皿などを置くためにもっとテーブルが大きいはず。

＊テーブルの上にメニューのようなものが置いてあり、人が店員に声を掛けるかのように、口元に手を当てて誰かを呼んでいる様子だから。

＊中央の女性の膝《ひざ》の上にバッグが置いてあり、椅子の背には上着が掛けてあるから。ここからこの場所が家の中ではなく、外にある店の中であると考えられる。

b　その場所自体はどこにあるか

「喫茶店」は街なかの商店街沿いに建っています。商店の建ち並ぶ道には車は通らず、歩行者専用道路になっています。そう分析できる根拠は次の点にあります。

＊「商店街沿いに建っている」と考えられる根拠

道路の反対側に、店が並んでいる。店だと言える理由は、ショーウィンドーがあり、そこにいろいろな商品が陳列されているから。また、そのショーウィンドーの前に立ち、それらの商品を見ている人たちがいるから。

＊「歩行者専用道路」と考えられる根拠

通りが石畳になっている。車の通る道路であれば、車が速やかに走れるようにアスファルト舗装されているはず。また、通りに木が植えられている。自動車が通る道路であれば、車の障害物になるので、植栽はされていないはず。さらに、歩行者専用道路がなく、通りを歩行者が自由に歩いている。

②季節はいつか
季節は暖かい季節で、初夏、あるいは九月の初め頃ではないでしょうか。そう考えられる根拠は次の通りです。
＊人々の服装。半袖の人が多いが、長袖の人も混じっている。手前の女性はノースリーブを着ているが、上着を持っているから。
＊通りに植えられている木に葉が生い茂っているから。木はその形状から落葉樹であると言える。落葉樹であるとすると、もし秋なら木の葉が落ち、通りに落ち葉が見られるはず。また、もし冬なら落葉し、木は枝のみになっているはず。さらにもし春の初めなら、木の葉は芽吹き始めたところで、木に葉は生い茂ってはいないはず。

③どのような天気か
天気は、急に雨が降り出したという状況です。

＊通りを歩く人々が傘をさしていたりいなかったりするから。また、傘を持っていない人々もいるから。もしだいぶ前から雨が降っていたとしたら、外を歩く人は皆傘をさしているはず。
＊中央にいる親子の仕草。父親らしき人が上を見上げ、子どもが大股で急ぎ足で歩こうとしているから。また、この親子が傘を持っている様子がないから。

④時間
時間はおそらく休日の昼間です。何時であるかははっきりとしませんが、朝早い時間帯ではありません。
＊昼間であるという理由は、外が明るいから。もし夜なら外は暗いはず。もし朝早ければ、店や通りに人は大勢いないはず。また、早朝であれば喫茶店は開店していないはず。
＊休日の理由は、平日なら働いていると思われる年齢の客たちが喫茶店にいるから。また、通りに親子連れがいるから。父親の方は平日なら働いている可能性がある。また子どもの方は、父親と身長を比較してみるに小学校低学年程度と思われるので、そうであれば平日は学校へ行っているはず。

⑤誰がいるか

この絵にはさまざまな人々が描かれていますが、中心に描かれた二人の人物に的を絞って分析してみましょう。二人は若い恋人同士ではないでしょうか。右側が男性、左側が女性です。

＊「若い恋人同士」

「若い」と言える理由は、二人の顔に皺《しわ》がないから。服装などが若々しいから。「恋人同士」の理由は、男性と女性が休日に二人だけで喫茶店に入っていること、女性が安心しきった顔つきで男性が注文をするために店員を呼ぶのを任せていることなど。

＊「男性、女性」

二人の性別は、その体型、髪型、服装、持ち物（女性のバッグ）などから判断ができる。

⑥何が起こっているか

絵の中で紡がれている物語について考えてみましょう。ここでは、手前のカップルを中心に何が起こっているのかを考えてみましょう。ある休日の昼間、街なかの商店街にある喫茶店で若い恋人同士が向き合って座っています。二人は注文を決め、男性が店員を呼んで注文をしようとしています。

＊男性が店員を呼んで注文をしようとしている

二人の前にメニューが広げられている。二人のテーブルの上にはいまだカップなどが置かれていない。つまり、まだ飲み物などは注文していない。男性が顔を左側に振り向け、口を開け、人差し指を立てて、合図しているような仕草をしている。これは近くを通りかかった店員に向かって注文をしたい旨を示すサインの仕草。また、男性の口が開いていることから、男性は声を掛けていると考えられる。

（3）絵本の分析

では次は、クリス・ヴァン・オールズバーグ作『ハリス・バーディックの謎』中の一枚の絵を分析してみましょう［図3］。この『ハリス・バーディックの謎』は、一枚一枚の絵が独立しつつ、全体で一冊の絵本を構成しています。絵本を開くと右側に絵が描かれ、左側にはタイトルと、その下に数行の謎めいた短い文章が書かれています。

［図3］のタイトルは《MR. LINDEN'S LIBRARY》、その下には次の文が載っています。

He had warned her about the book.
Now it was too late.

本に描かれた絵を理解するには、絵とタイトルと文章を総合的に分析する必要があります。答えは一切書いてありませんので、どのように解釈するのかは、個人の自由に任されます。ただしそれは、好き勝手にしてよいということではなく、絵やタイトル、文章にて提示された情報を十分に分析し、その結果を踏まえて内容を解釈することを意味します。《MR. LINDEN'S LIBRARY》についても、場所や時間などの設定から絵を分析し、最終的に絵の中で何が起ころうとしているのかを、タイトルや文と絡めて探り出しましょう。絵には、寝室のベッドの上で眠る少女と本、それに本の上には植物が載っている様子が描かれています。

①場所はどこか？
場所は、寝室です。その理由は次の通りです。
＊絵の中心にベッドがあり、その脇に電気スタンドの置かれたサイドテーブルがある。ベッドについては、人物がその上に寝ていること、シーツが敷かれ、枕が置かれ、うす掛けが人物に掛けられていることなどから、ベッドと判断できる。

②季節はいつか？
季節は、はっきりしたことは言えませんが、少なくとも暖かい季節です。
＊ベッドの上にいる人物がノースリーブを身につけているから。袖無しの服を身につけていることから、気温がある程度高いと判断できる。

③何時頃か？
時間についてははっきりと言い切ることはできません。時間を特定できる情報が描かれてはいな

いからです。ただ、少なくとも夜であるとは言えます。
＊夜である理由は、周囲が暗いから。もしまだ陽の出ている時間帯であれば、常識的に寝室には窓があり、そこから陽の光が入ってくるはずなので、これほど真っ暗にはならないはず。
＊電気スタンドの明かりが点いているから。電気スタンドの周囲だけが明るく描かれていることから、電灯が点いていると判断できる。
＊人物の手元に本が広げられており、そこに電気スタンドの光が当たっていることから、周囲が暗く、人物は本を読むために点灯していたと考えられるから。

④誰がいるのか？
ベッドの上で眠っているのは少女です。少女は十歳前後と言えるでしょう。そう考えられる根拠は次の通りです。
＊文に〈her〉と書いてある。ここからまず人物が女性であると判断できる。
＊人物の顔が幼い。顔が丸く、目鼻の距離が短い。
＊体型が子どものもの。一二〜三歳以上であれば胸に膨らみが見られるはずだが、絵の少女の胸は平ら。

⑤絵の中では何が起こりつつあるのか？

ここから先は、絵とタイトル、文章を総合的に分析します。

MR. LINDEN'S LIBRARY

He had warned her about the book.

Now it was too late.

少女は、リンデン氏が「この本は危険だよ」（He had warned her about the book.）と注意をしたにもかかわらず、彼の書棚から本を借りてきました。もしかしたらこっそり借りてきたのかもしれません。そしてその夜、少女はその本をベッドで読みながら寝入ってしまいました。すると、本の中から植物が生えだし、するすると勢いよく伸び始めました。植物はやがて菩提樹の大木になり、少女を包み込んでしまうのでしょうか。少女は何も気づかないまま、すやすやと眠り込んでいます。一度伸び始めた植物は誰にも止めることができず、もはや手遅れなのです。

a 「彼の書棚から本を借りてきました」

絵のタイトルが《MR. LINDEN'S LIBRARY（リンデン氏の蔵書）》であることから、少女の手元に広げられている本は、少女がリンデン氏の蔵書の中から持ち帰ったものだと考えられる。

b 「リンデン氏が『この本は危険だよ』と注意したにもかかわらず」「もしかしたらこっそり借りてきたのかも」

文に、「彼は彼女に本について注意を与えたのだ。でももう遅かった」（He had warned her about the book. Now it was too late.）とある。ここから、彼、つまりリンデン氏は、少女に本の危険性を注意したと考えられる。「でももう遅かった」という文から、本は何かしら危険なものであると考えるのが妥当。リンデン氏が注意したにもかかわらず少女が本を持っているため、少女は本を内緒で持ち出した可能性がある。

c 「少女はその本をベッドで読みながら寝入ってしまいました」

少女が目を閉じ、左腕が投げ出されていること、その上を植物が這っていることから、少女は眠っていると判断できる。もし目が覚めていれば、たとえ目を閉じていても、植物が腕の上を這えばこそばゆくて目が覚めるはずである。また、ベッドの上の少女の左腕の上に本が広げられていること、電気スタンドが点けっぱなしになっていることから、少女は本を読みながら寝入ってしまったと考えられる。

d　「本の中から植物が生えだし、するすると勢いよく伸び始めました」

本の綴じの部分に植物が密生しているところから、植物が本の中から生え始めたと考えられる。また、綴じの部分の葉は大きく、蔓の先へ行くほど葉が小さくなるので、植物は綴じの部分から生え始めたと判断可能。また、植物に勢いがあることは、植物の先端が皆上を向いているところから考えられる。もし植物がしおれていたり、枯れたりしていたとしたら、先端は上に起きあがらず、下を向くはずである。植物の蔓の先端がみな上を向いているということは、植物に勢いがあるという証拠である。

e　「植物はやがて菩提樹の大木になり、少女を包み込んでしまうのでしょうか」「一度伸び始めた植物は誰にも止めることができず、もはや手遅れなのです」

植物が「菩提樹」になるというのは、「リンデン氏」の名字である「リンデン＝Linden」が「菩提樹」を意味するから。「リンデン氏の蔵書」というタイトルが何の意味もなく付けられたとは考えにくく、彼の書棚から持って来た本から植物が生えだしたということになると、この植物が「リンデン＝菩提樹」と考えるのが妥当であろう。本から生えだした植物、つまりリンデン（菩提樹）が少女をどうするのかについては、想像するしかないが、文章から推測するに、この植物はやがて少女を飲み込み、大木に成長するのではないだろうか。そして、本を読んだまま寝入ってしまうと、本から菩提樹が伸び始め、それが木となって読者を取り込んでしまうことをリンデン氏はあらかじめ知っていたため、少女に注意を与えたのではないだろうか。しかし、少女がリンデン氏の注意を聞かず、本を読みながら寝入ってしまったため、もはや植物の生長を誰にも止めることができず〈Now it was too late.〉なのであろう。

（4）絵画の分析

最後に［図4］の絵を見てみましょう。さて、この絵にはいったい何が描かれているのでしょう。タイトルも画家の名前も見ずに、何が描かれているのかについて純粋に絵だけを観察して考えてみましょう。絵に描かれているのは、左手前から右斜め奥に向かってまっすぐに走る舗装されていない道路と、その道路沿いの左側に建つ白い壁と黒っぽい屋根を持つ大きな民家（建物の形状からしてその左側にあるのは納屋でしょうか）です。絵の上半分には晴れた空が広がっています。

①場所はどこか

場所については、次の二点を考える必要があります。一点目は、描かれた場所がどのような場所かということと、二点目は、その場所自体がどのようなところにあるのかということです。まず一点目について、絵に描かれている場所については、郊外の幹線道路沿いの住宅地ではないでしょうか。なだらかに登る坂の途中には何軒かの家が建っています。二点目については、海の近くなのではないでしょうか。

a　郊外の幹線道路沿いの住宅地

＊「郊外の」「住宅地」の理由は、家がまばらにしか建っていないから。家はまばらだが、電信柱は均等な間隔を置いてずっと奥の方まで立ち並んでいる。つまりは道路沿いに点々と家が建っていることを意味するのではないか。また「幹線道路」の理由は、道路はアスファルトに舗装されていないものの、中央に白線が引かれ、道路の幅が広いから。電信柱が茶色く木でできているようなので、道路がアスファルト舗装される以前の時代の絵なのかもしれない。「なだらかに登る坂」と考えられる理由は、道路が手前から奥に向かって上に登っていくように描かれているから。

b　海の近く

＊家の向こう側には空しか見えないから。周囲に山や丘のようなものが全く見えず、全体に平らな感じだから。

＊家の左手奥に、まっすぐにびっしりと植えられた木が防風林のように見えるから。これが防風林だとすると、その奥には海が広がっているのではないか。また、それらの木が防風林ではないかの理由として、中央右奥に見える二本の木々が大きく右になびいているし、草が右方向になびいている。これは相当に風が強いことを意味するから。

②季節

季節は初秋ではないでしょうか。その根拠は次のようなものです。

＊木々の葉と草が生い茂っているから。もし秋も半ば以降なら、木々は紅葉したり、落葉したりしているはず。右手に一本だけ赤い木があり、また家の裏手に植わっている低木も赤いので、これは紅葉が早くに始まる木々なのではないか。左半面を埋めている草も、やや茶色っぽくなっている部分がある。もし冬なら、草が枯れ、木の葉が散っているはず。またもし春や夏なら、赤く紅葉した木はないはず。ただし、左手奥の木が防風林だとすれば、防風林には常緑樹が使われるのが一般的なので、その葉の色からは季節を判断できない。

＊陽射しが強く、家の壁が白く輝いているから。これはまだ陽射しの強い季節であることを示している。

＊影がくっきりとできているから。これも陽射しの強さを表わしている。

＊空に鱗雲（鰯雲）が見られるから。鱗雲は秋の空に見られる雲だから。

③天気

天気は晴れです。ただし快晴ではありません。風がかなり強い日です。風は絵の左から右に向かって強く吹いています。

ａ　晴れ

＊絵全体が明るい。もし曇りなら絵全体が少し薄暗いはず。ただし、空に鱗雲が見られるので、快晴とは言えない。

＊青空が見える。もし曇りなら青空は見えないはず。

＊陽射しがかなり強い。家の壁が白く輝いている。

＊影がくっきりとできている。もし曇りなら影はこれほどくっきりとはできないはず。

ｂ　風が強い。風は左から右に向かって吹いている。

＊右奥の木が右に傾いている。これは風の強さを表わす。

＊木や草がすべて右に傾いていることから、風は左から右方向へ吹いていると判断可能。

＊雲が流され、空を走っているように見える。

④時間

時間は、朝かなり早く、太陽がまだ低い位置にある時間帯ではないでしょうか。ただし人はすでに起きて活動しているようです。またこの絵の時刻について考えるとき、夕方になりかけた時刻、つまり四時頃と考える人も必ずいます。それは、空がうっすらと紫がかっているからです。方角が分からないため、方角から時間について考えることができないので、これについての結論は出ません。

＊太陽の位置が低いことは、道路沿いにできた影から判断可能。影は道路と草地の段差からできたものであるが、道路と草地の段差は大したことがなく、そのわずかな段差によって影ができるということは太陽の位置が低いということ。もし太陽が高い位置にある時間帯であれば、低い段差の影は長くは伸びないはず。太陽は、絵の左側の低い位置にある。もし朝だとすれば、この方角が東ということになる。一方、夕方の意見についてもやはり太陽の位置の指摘が出ます。

＊朝かなり早いという理由は、太陽の位置が低いこと、周囲が明るく、空には青空が見えることにある。もし同じように太陽の位置が低くなる夕方であれば、夕焼けが始まり、空がうっすらと赤く染まっているはず。一方、絵を夕方のものと考える人は、空がうっすら紫がかっていると指摘します。

＊人がすでに起きているという理由は、窓の雨戸が開けられ、窓の中にカーテンが見えること。雨戸がすべて開けられているわけではないので、家人全員が起きているわけではないかもしれ

ない。

⑤絵は何を表現しているのか？
絵に描かれているのは、左手前から斜め右手奥に向かってまっすぐに走る茶色っぽい道路とその道路沿い左側に建つ大きな一軒の白い壁と黒い屋根の民家、そして空です。絵に描かれているのは、何の変哲もないような風景画で、特にこれと言った動きや意味を感じさせるものはありません。絵全体が静かで寂しげであり、絵の中に何らかの動きが生じたり、変化したりすることを予感させるものもありません。それなのになぜだか釈然としない違和感を見る人に持たせる、不思議な存在感のある絵ではないでしょうか。

私は「言語技術」を指導している麗澤中学校で、毎年中学三年生とともにこの絵を分析しています。皆で絵をじっくりと観察しながら、いったい絵には何が描かれているのかを巡って議論しながら考えていくのです。すると、必ず次のような意見が出てきます。

ａ　家には人が住んでいる。雨戸が開けられているし、木々の手入れがされているから。また草も伸び放題ではなく、刈り込まれている様子である。ところが家の周囲や家の中に人の気配はなく、家に動きが感じられない。太陽がまだ低いので朝早い時間帯のため人は家の中で活動しているのかもしれない。

b　動きのあるのは家の周囲の自然のもののみ。風、草木、雲、影、陽射しなどに動きが感じられる。

c　絵の中に特別なことが起こっている様子はない。

aとbとcの観察結果を総合的に考察すると、ごく「日常的」に見られる風景を描いた絵だと言えるのではないか。

ところが、ここから先、さらに絵を子細に眺めていくうちにもっと別の、さらに深みのある意見が出てきます。

◇絵から観察できる事実

*人がいない。

*車が走っていない。

*家の雨戸が開いているのに、電柱に電線がない。電線がないからには、家には電気が供給されていないはず。

*家だけがポツンと一軒描かれている。

*家が大きい。

＊道路がまっすぐどこまでも続いている。
＊空が広い。
＊風が強い。
＊光が強く明るい。

◇絵を眺めていて感じること
＊単調、永続性、孤独、孤立、寂寥、静寂、哀愁、わびしさ、むなしさ、不安、異質、違和感、不安定、所在なさ、生活感のなさ、殺風景、など。

絵の表面的な観察から深部への考察に至り、一五歳の中学生から必ず指摘されるのが、次のことです。

この絵は、ごくありきたりの「日常的」な風景を描いているようでありながら、実は「非日常的」で、異質な空間を描いている

ところでこの絵を描いたのはエドワード・ホッパーという画家です。彼については、次のように

批評されています。

いかにもアメリカらしい情景の描写は、現実的な細部の正確性を持ちながらも異化（日常的な見慣れたものが、非日常的な異質なものに変質すること）の作用に従っており、これが描き出される近代生活の光景の中に、とりわけそれ自体の亀裂を浮き出させているのである。

（ロルフ・ギュンター・レンナー『エドワード・ホッパー』三森ゆりか訳、ベネディクト・タッシェン出版、七頁）

エドワード・ホッパーは、二〇世紀のアメリカを代表する画家で、光と影を描く画家、孤独と静寂を描く画家、異化の効果を表現する画家などと呼ばれていますが、分析を始める段階では中学生たちにはこうした情報は一切与えませんし、タイトルさえ知らせません。「絵の分析」は、外部の情報に惑わされることなく、純粋に目の前の絵を観察し、分析し、感受性と論理的思考、経験や知識を駆使しながら、画家が伝えようとしたメッセージを自分なりに掘り出すことを目的としているからです。にもかかわらず、絵の分析の手法を身につけ、議論をしながら一枚の絵を子細に観察し、分析していくと、いつの間にか絵に対する批評を専門とする美術評論家の指摘するところまで行き着くこともあるわけです。こうしたことが自分一人でできるようになると、美術館に行く楽しみが増えませんか。

最後に、ここで扱ったエドワード・ホッパーの絵のタイトルは、《Route 6, Eastham》です。この絵が描かれたのは、実際に海辺です。ホッパーがしばしば題材に扱ったアメリカの東海岸にある避暑地ケープ・コッドにイーストハム（Eastham）は存在し、そこに六号線は走っています。つまり、場所について「海辺ではないか」という観察は正しかったというわけです。

第三章　本の読み方

絵の読み方、分析の方法が理解できたら、今度はテクスト（文章）の読み方、「テクストの分析と解釈・批判」の方法を学びましょう。第一章で述べたように、「テクストの分析」は、感覚的、感傷的な読書とは異なり、文章の形式で与えられた情報を、分析的、論理的、客観的に厳密に検討し、どのようなメッセージがその文章の中に込められているのかを探り出すことです。

外国語の学習において、なぜ「テクストの分析」が必要なのかについてはすでに述べましたが、ここでもう一度確認しましょう。外国、とりわけヨーロッパやアメリカでは、母語教育の中でテクストの分析に長い時間を割き、一つのテクストを議論しながら分析をしては、小論文を書かせる作業を繰り返します。一つのテクスト（文学作品ばかりでなく、記事や社説、評論文なども含まれます）を教室の中で読むこと、それはとりも直さずそのテクストを巡って、議論をしながら分析的、批判的に考察してテクストの持つメッセージを深く掘り下げて解釈し、その結果を各自が小論文にまとめることを意味するのです。ヨーロッパの学校では高校の上級学年にもなれば、この作業が外国語の授業でも実施されます。このような教育環境の中で育った人々にとっては、テクストを分析的に批判的に読み、それについて他人と議論をすることはごく自然なこと、当たり前のことと考えられています。逆に言えば、テクストを分析せず、感覚的に何となく解釈する読み方は彼らにとっては馴染みがなく、そのような読み方が存在することすら知りません。そこで、外国語、とりわけ欧米の言語を学習し、最終的にはその言語を母語とする人々と深い会話をしたいと望むのであれば、彼らが教育のなかで身につけている「テクストの分析と解釈・批判」の技術をあらかじめ日本語で身につけておくことは有効です。そうした技術を持っていれば、例えば映画を観たときにも、美術館に行ったときにも、互いに読んだことのある一冊の本について話し合うときにも、通り一遍の会話ではなく、深みのある知的な内容の会話を楽しむことができるようになるでしょうし、そうした会話を通して、学習中の外国語の能力自体を向上させることもできるでしょう。

本章では、詩や物語、超短編小説などを用いて、それらのテクストを実際に分析してみましょう。「テクストの分析と解釈・批判」を説明する前に、ここでもう一度作家と作品、読者の関係を説明しましょう。絵の分析の場合と同じく、テクストの分析の場合も、一つの作品は作家がそれを生

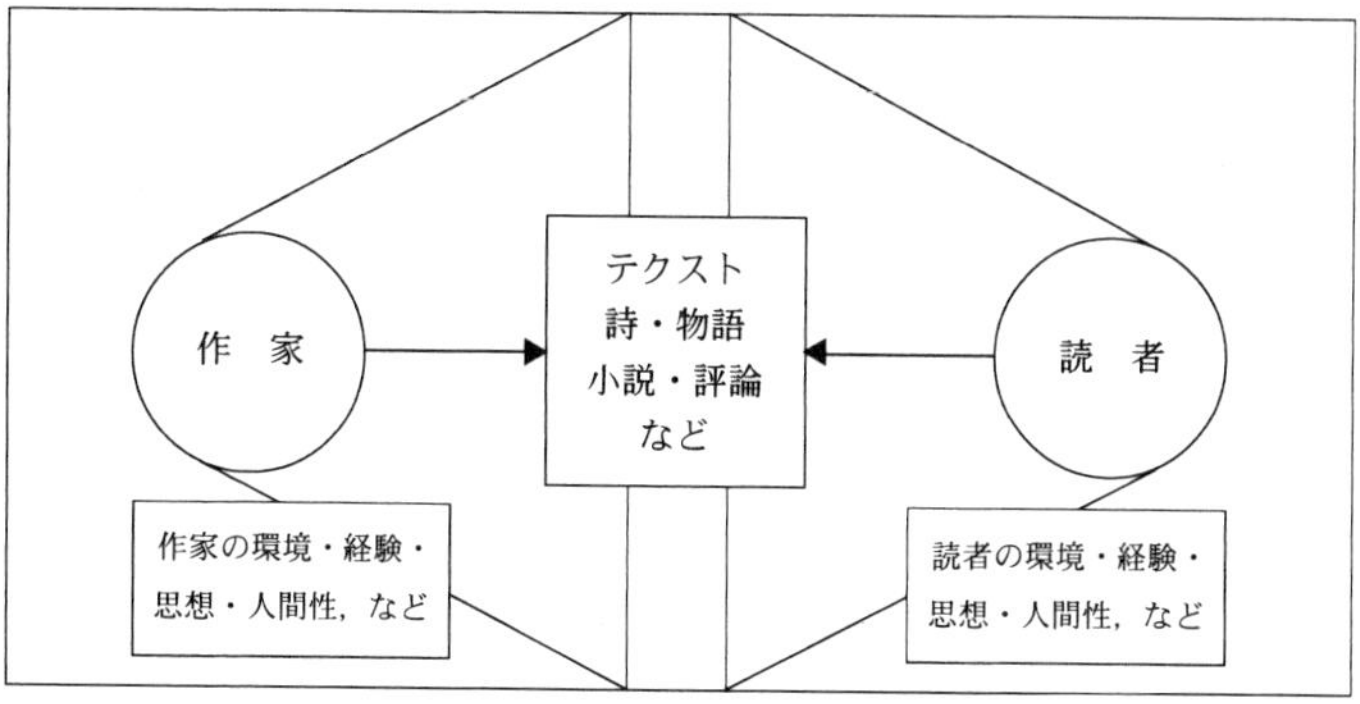

「テクストの分析と解釈・批判」における作家・作品・読者の関係

み出したと同時に作家の手を離れます。そしてそれを読む読者は、自分の立場、自分の視座から作品を解釈します。もちろんそれは、作家自身の生きた時代背景や作家を取り巻く環境、経験や思想を無視してもよいということではなく、作家がどのような想いでその作品を書いたのか、作家がその時どのように考えていたのか、つまり作家の心情に振り回される必要はないということです。

日本の読解教育において重視されるのは作者の心情です。だいぶ以前のことですが、ある作家が新聞のコラムに非常に興味深いことを書いていました。それは次のような内容でした。ある時、その作家の書いた作品が扱われた試験を持って子どもが学校から息を切らして帰宅しました。そしてその子どもが父親である作家に向かって、「この時作家はどのような気持ちだったのでしょう」という質問に対して選択した答えが誤りだったが、作家である父親は本当にその正答のように考えていたのか、と質問したというのです。その作家は、実は作家自身にもその正答が果たして正答なのかどうか分からなかった、と締めくくっていました。生存している作家自身にすら「作家の心情」が分からないとしたら、とうの昔に亡くなっている作家の心情など、いったい誰に分かるのでしょうか。そう言うわけで、「テクストの分析と解釈・批判」では、作家の心情を推し測ることはしても、それに縛られて作品を読む必要はありません。一つの作品は確かにある作家が書いたものであり、その作家の生きた時代や環境の影響を大いに受けてはいますが、読者はそれらに配慮しつつも、作家になりきって作品を読む必要はないのです。読者は読者がその作品を読む「現在」の視座から自分なりに作品を解釈します。ただし、解釈には責任が伴います。その責任を、読者はテクストの中に根拠を見つけて提示するという形で果たすのです。

1　物語の構造

物語に込められた意味を分析する前に、物語の一般的な構造について説明しましょう。物語には典型的な構造があります。メルヒェン、昔話、短編小説、長編小説など、多くがこの典型的な構造に基づいて成り立っています。日本の学校でも国語の時間に、「山場」や「クライマックス」については学びますが、小説を要約する課題が課されることは滅多にないため、物語の全体的な構造について学ぶことはあまりありません。ところがヨーロッパの学校では、「テクストの分析と解釈・批判」を学ぶ前に、小説の要約、しかも本を丸々一冊要約する作業を課されます。本を丸ごと要約するとなると、行き当たりばったりで何となく短くするわけにはいきません。そこで物語の構造を学ぶことになるのです。また、一般的に物語や小説の内容はその構造とも深く関わっています。そのため、「テクストの分析と解釈・批判」の前提として、物語の構造を認識しておく必要があります。

典型的な物語の構造にすんなりと当てはまるのが、単純な構造をした昔話やメルヒェンです。これらの物語は一般的に、一つの事件、あるいは一つの葛藤を巡って筋が展開します。物語の冒頭部分で、主人公の紹介とその置かれた時代背景や環境についての説明が簡単になされると、主人公に対立する相手が登場して何らかの事件、あるいは葛藤が生じて物語が動き出します。事件の進展とともに山場を登って物語が盛り上がり、クライマックスとともに状況が大きく転換して事件が解決したり、葛藤の糸がほぐれたりして「めでたし、めでたし」で終わるのが典型的な昔話やメルヒェンの構造です。

各部分の役割

物語の構造における各部分の役割について、もう少し詳しく説明しましょう。

①冒頭

この部分では、時や場所など物語の設定、主人公や主な登場人物たちの紹介、その置かれた環境や状況などの説明がなされます。物語や小説では、長い時間をかけて主人公がいかに成長するか、どのような冒険を体験「する」か、その冒険を通してどのような人物に「なる」かがテーマになるのが一般的ですから、冒頭部分では、主人公が成長する以前の環境や状況が提示されます。

②発端

この部分では、物語の中核となる事件や葛藤が具体的に動き出します。そのためこの部分を、「事件（葛藤）の出発点」と捉えることも可能です。発端では、主人公に対立する「敵」が登場し、事件の原因となるできごとや葛藤が発生し、主人公の冒険、あるいは試練が開始されます。「敵」は、この時点では必ず主人公よりも上位に位置し、主人公の形勢が悪いのが一般的です。主人公の「白雪姫」（ドイツ）の白雪姫と后《きさき》の関係、「桃太郎」（日本）の桃太郎と鬼の関係、「三匹の子豚」（イギリス）の子豚と狼の関係、「ハリー・ポッター」シリーズ（イギリス）のハリーとヴォルデモードの

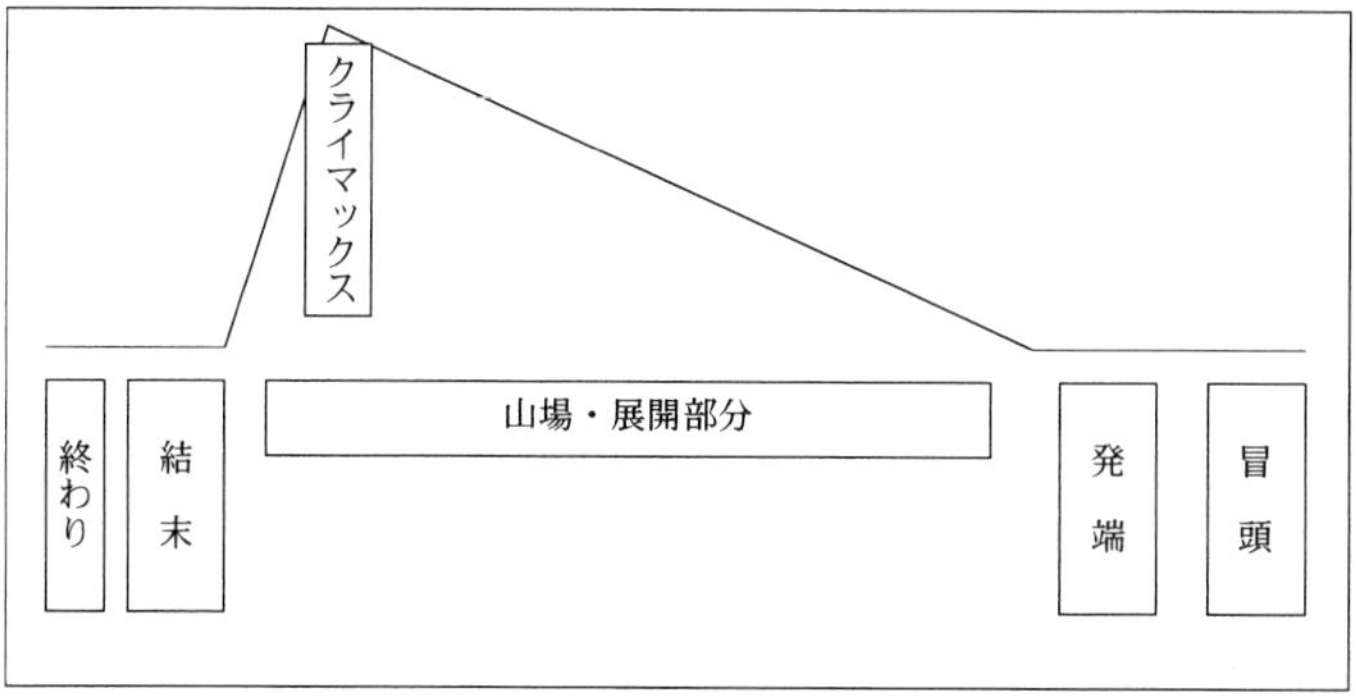

物語の構造

関係など、物語が書かれた言葉や長さが異なっても、主要な登場人物の関係には明らかな共通性があります。物語や小説を、主人公の「成長物語」と捉えると、そこに登場する敵役は、主人公が試練を克服して成長するために配置されていると言えるでしょう。

③山場・展開部分

この部分では、事件が展開し、緊張感が増加していきます。つまり、緊張の高まりとともに読者は山を登っていくことになるのです。物語の中で最も読者を魅了するのがこの山場・展開部分です。緊張の度合いが高くなればなるほど読者はハラハラドキドキし、結末を一刻も早く知りたくなります。この山場の部分をいかにうまく組み立てられるかが小説の評判に大きく影響を与えることになると言えるでしょう。

ところで、典型的な昔話やメルヒェンの山場の部分で繰り返される小さな事件については、三回繰り返されるという共通性があります。「白雪姫」において后は、毒リンゴと飾り紐《ひも》と櫛《くし》をそれぞれ持って三回、白雪姫の前に現われます。「三匹の子豚」では、狼は子豚をリンゴ採り、カブ採り、祭りと、三度誘います。日本の「桃太郎」でも、桃太郎は、犬、猿、雉《キジ》と三回に分けて子分に出会います。そして、一回目より二回目、二回目より三回目、というように緊張感は増していきます。典型的な構造を持った物語ではエピソードが三回繰り返されることが多いということを知っていると、物語がその先どのように展開するのか、ある程度予測しながら書物を読み進めることもできるようになります。

④クライマックス（転換点）

それまで敵に対して弱者の立場にあった主人公の形勢が逆転し、敵を打ち負かす部分、克服する部分がクライマックスです。ここで状況が大きく転換するため転換点とも呼ばれます。ここでは事件が急激に転換し、解決か破滅に繋がっていきます。転換点とは、物語における決定的な頂点であり、多くの場合、緊張の高まりとともに準備されます。

大きな転換点、クライマックスは一度きりですが、長い物語や長編小説の場合、転換点の前に「頂点の前触れ」、あるいは「小転換点」が設定されるのが一般的です。つまり、読者にさも頂点であるかのように期待させて裏切ることを繰り返しながら、最終的な頂点、「大転換点」へと読者の

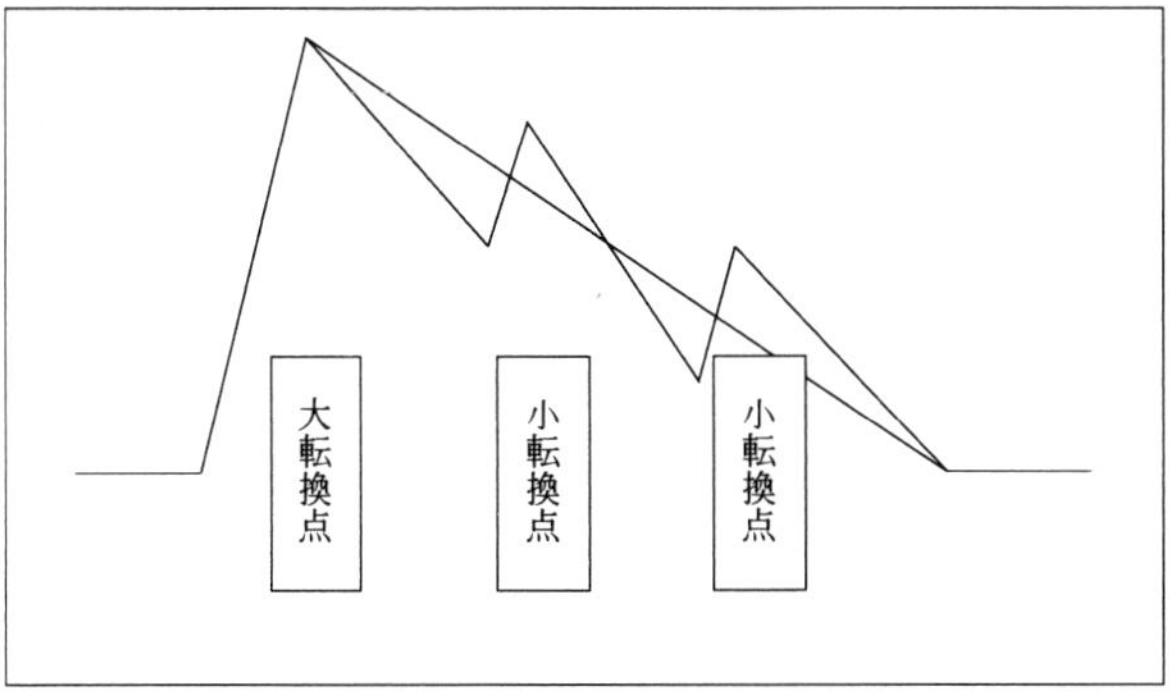

長編小説のクライマックス

期待を引っ張っていくのです。「ハリー・ポッター」のようなシリーズの場合、巻ごとにクライマックス（転換点）があります。しかしこのクライマックスは、シリーズを全体として捉えると「頂点の前触れ」「小転換点」であり、最終巻のクライマックスこそが大転換点となります。

⑤結末

この部分は、クライマックスのあとに急速に訪れます。事件が収束する部分が結末です。多くの物語では、主人公が敵に対して勝利して事件や葛藤が終わり、主人公が成長して自分の地位を確立します。

⑥終わり

ここは物語が文字通り終わる部分です。昔話などでは、その後の主人公の行く末などが語られるのが一般的です。

物語の展開のうえでの結末を迎えたあと、敵役のその後が語られることもあります。

「桃太郎」の構造

物語の構造の典型的な構造が理解できたところで、日本人なら誰もが知っている「桃太郎」を物語の構造に当てはめてみましょう。ここに例を挙げたのは日本の昔話です。けれども、世界中のどの昔話でも、物語の基本的な構造は極めてよく似ています。これはおそらく典型的な物語の構造が、人間にとって最も理解しやすく、また魅力的なものだからでしょう。

①冒頭

媼《おうな》が川で拾った大きな桃から赤ん坊誕生。桃太郎と名づけられた赤ん坊は尋常でない速度で成長を遂げる。

②発端

鬼ヶ島の鬼が村の人々から金品を略奪し、子どもを掠《さら》う。

桃太郎は媼の吉備《きび》団子を携えて鬼退治の旅に出る決意をする。

③山場・展開部分

(一回目)桃太郎は犬に出会う。犬は吉備団子をもらい、子分になる。

(二回目)桃太郎は猿に出会う。猿は吉備団子をもらい、子分になる。

（三回目）桃太郎は雉《きじ》に出会う。雉は吉備団子をもらい、子分になる。
鬼ヶ島に到着した桃太郎の一行は、鬼たちと戦う。
④クライマックス（転換点）
桃太郎の勝利。鬼の大将が降参し、宝を差し出す。
⑤結末
桃太郎は子分と宝とともに帰郷。
⑥おわり
桃太郎は一生安楽に暮らす。

試みに、「白雪姫」（グリム童話）、「大きなかぶ」（ロシア民話）、「三匹の子豚」（イギリス民話）など も物語の構造に当てはめてみましょう。子どもの時に慣れ親しんだ物語の多くが典型的な物語の構造に則《のっと》って構成されていることがわかります。

特殊な構造の物語

典型的な物語の構造が頭に入ると、超短編小説や倒置法のテクニックを用いた物語がすんなりと理解できるようになります。そしてこれが理解できると、そうした形式の小説を分析するときの大きな助けになります。
超短編小説では、冒頭がなく、いきなり発端から物語が始まるのが一般的です。「超短編」というくらいですから、こうした種類の小説は簡潔な言葉で、必要最低限のことだけが語られます。そのため、状況の設定や主人公の紹介などが語られないまま唐突に物語が始まるのです。超短編小説には、結末もないのが一般的です。物語の緊張が増したところで、突如なんの解決も見せないまま、物語がふっと終結し、結末は読者の想像に委ねられるのです。ドイツの教育現場では、多くの超短編小説を「テクストの分析と解釈・批判」でとり上げます。それは超短編小説がその構造上、まさに分析するのに最適な素材だからでしょう。
倒置法のテクニックを用いた物語として、日本の多くの中学生が教科書で出会うのが太宰治の『走れメロス』です。『走れメロス』は、次のように始まります。

メロスは激怒した。必ず、かの邪智暴虐の王を除かなければならぬと決意した。

『走れメロス』はこのように突然「発端」、つまり事件が発生する部分から始まり、それから、「メロスには政治がわからぬ。メロスは、村の牧人である。笛を吹き、羊と遊んで暮して来た。けれども邪悪に対しては、人一倍に敏感であった。きょう未明メロスは村を出発し、野を越え山越え、十里はなれた此のシラクスの市にやって来た……」という具合に、「冒頭」が置かれてメロス自身についての紹介がなされ、その後、やって来たシラクスの市で王が人を殺《あや》めることを聞き、再び「メロスは激怒した」と、「発端」が語られます。こうした入り組んだ構成の手法も、典型的な物語の構造を理解していると、すぐに発端と冒頭が入れ替わっていることに気づき、発端を冒頭の前に置いた作者の意図に思いをめぐらせることになるのです。

すべての小説が基本的な物語の構造に当てはまるわけではありません。しかし、どのような小説に出会ったときでも、物語の構造という基準に照らしてそのテクストを吟味できると、内容の理解が楽になることでしょう。

ちなみに私が「言語技術」の一貫として読解技術を指導している子どもたちには、小学校五年生から物語の構造を指導しています。この子どもたちには小学校一年生の段階から物語を読み聞かせ、その内容を自分自身の言葉で語り直す、つまり再話するという訓練を繰り返し行なっているので（ドイツの作文教育の手法で「再話」と呼ばれます）、子どもたちはすでに感覚的に物語の基本的構造を理解しています。こうした子どもたちに五年生の段階で、物語の構造の理論を彼らの理解できる言葉で説明し、「桃太郎」などを例にして、筋のどの部分が物語の構造のどこにあたるのかを議論させると、子どもたちははっきりと物語の構造を理解するようになります。そして、このような方法で物語を読めるようになった子どもたちに、中学二年の段階で『走れメロス』を与えると、彼らはすぐさまこの小説が特殊な始まり方をしていること、主人公についての紹介がないまま、いきなり事件が動き出していることに気づき、「いったいこの激怒しているメロスとは誰なのか」「どのような状況があってメロスは激怒したのか」と考えることになるのです。言うまでもなく、こうした読み方ができるかできないかは、小説への取り組み方、内容理解の在り方に大きな影響を与えることになります。

2 「テクストの分析と解釈・批判」の方法

第二章で私は、絵を分析するための手掛かりについて説明しました。文章も絵と同じく、闇雲に、感覚的に分析してもテクストを読解することはできません。テクストを分析するにも絵の分析の場合と同じく、分析のための指標を学ぶ必要があります。それは次のようなものです。

＊構造
＊プロット
＊スタイル

＊形式
＊視点
＊時制
＊設定
＊トーン（調子）
＊語彙（隠喩、風諭、形象など）
＊文法
＊登場人物とその相関図
＊象徴
＊主題
＊作家とその背景

ある一つの作品については、すべての指標を用いて分析する必要があるわけではなく、その作品に最もふさわしい指標を用いて作品を検討することになります。例えば、ミヒャエル・エンデの『モモ』については、時間と灰色の男が象徴するものについて分析する、ハンス・ペーター・リヒターの『あのころはフリードリヒがいた』については、人物とその相関図を時代背景に絡めて分析する、アーネスト・ヘミングウェイの『老人と海』については老人が戦いを挑む海や巨大カジキマグロ、鮫、繰り返し夢に見るライオンなどが象徴するものを舞台となったキューバの歴史に絡めて分析するなどといった具合です。それぞれの指標について、すでに説明した「構造」を除き、少し詳しく説明しましょう。

●プロット

一つの物語は、登場人物たちが織りなす一連の行動の積み重ねによって成立します。登場人物たちの間には事件や葛藤が生じ、その発生から収束までの一続きの流れがプロットです。作家の仕事は、物語の中で発生する問題を、構成上最も強い緊張感を生み出すような順序に配列することです。プロットとストーリーの区別は付けにくいものですが、E・M・フォースターは『小説とは何か』の中で、プロットとストーリーの相違を次のように定義しています。

プロットを定義しましょう。われわれはストーリーを、時間的順序に配列された諸事件の叙述であると定義してきました。プロットもまた諸事件の叙述でありますが、重点は因果関係におかれます。〈王が亡くなられ、それから王妃が亡くなられた〉といえばストーリーです。〈王が亡くなられ、それから王妃が悲しみのあまり亡くなられた〉といえばプロットです。時間的順序は保持されていますが、因果の感じがそれに影を投げかけています。あるいはまた、〈王妃が亡くなり、誰もまだその理由がわからなかったが、王の崩御を悲しむあまりだということがわかった〉となれば、これは神秘をふくむプロットで、高度の発展を可能とする形式です。それは時間的順序を中断し、その諸制限の許しうるかぎり、ストーリーから離れています。王妃の死を考えてください。ストーリーならば、〈それからどうした？〉といいます。プロットならば〈なぜか？〉とたずねます。これが小説のこの二つの様相の基本的なちがいです。

（E・M・フォースター『新訳　小説とは何か』米田一彦訳、ダヴィッド社、一〇八頁）

●スタイル

言葉の選び方、語り口によって、あるテクストが読者に与えるイメージは大きく異なります。一般的に作家は独自のスタイルを持っていて、言葉遣いや文の組み立てに特徴を持っているものです。例えばトーマス・マンの作品は、一文がいつ果てるともなく読点で繋がっていくスタイルを特徴としています。その逆にカミュの『異邦人』は、句点で区切られた短い文が並び、さながら読者に情報を与えることを拒むかのようです。スタイルについては、次のように定義されています。

言語によるそれぞれの表現。語彙の選択、文の構造、文の結合、テクストの構成などの組み合わせによって成立する。作家独自のスタイルがあり、それはその作家の『特色』となる。
(Eva-Maria Kabisch, Aufsatzkurzgefaßt 9/10, Ernst Klett Schulbuchverlag GmbH, 1990, p. 37)

●形式

とりわけ詩では、形式の分析が重要になります。定型詩、自由詩、ソネット(一四行詩)、バラード(叙事詩)、オード(叙情詩)など、詩ではその形式を分析します。日本独自の詩であれば、短歌や俳句なども形式の分析対象となります。

●視点

小説では、テクストが誰の視点で書かれたものかは極めて重要です。視点がテクストの内容に大きく影響を与え、その内容を決定するからです。例えば、第一人称で書かれたテクストは、一登場人物の視点を通して世界を語ります。一方、第三人称で書かれたテクストでは、すべてを知っている語り手が俯瞰的な視点を通して世界を語ります。

a　第一人称視点

登場人物の一人に限定された視点です。この視点を持つ人物が認知できる範囲でしか物語を語ることができません。物語の主人公の視点で語られるのが一般的です。また、一つの事件を、複数の登場人物がそれぞれの視点から第一人称で語るという小説も存在します。カニグズバーグの『ティーパーティの謎』は、四人の登場人物の視点によって物語が語られるため、児童書ながら内容は複雑で、すんなりとは理解できません。原題は《The View from Saturday》と言います。原題には〈View〉という言葉が含まれているため、何かを「見ること」「眺めること」が関係することが分かります。この物語では、四人それぞれの視点から語られることがらを読者自身が総合して、内容全体を把握する必要があるのです。

b　全知視点

作者の視点。第三人称で語られるのが一般的です。作者は、自分の創作する物語においては、過去、現在、未来において発生するすべての出来事、すべての登場人物の考えや心の動きを熟知している全知全能の神ですから、何から何まで書き尽くすことができます。「全知視点」では、すべてを知る立場から事件を俯瞰的に見て、物語を綴ります。

c　限定全知視点

レベッカ・J・リュークンスという文芸評論家は「限定全知視点」を次のように定義していま

す。「ここでは作家は一人、あるいは場合によっては複数の登場人物の視点を通して事件を眺めます。そして、その人物の考えを報告していきます」(Rebecca J. Lukens, A Critical Handbook of Children's Literature, 6th Edition, Addison-Wesley Educational Publishers Inc. 1999. p. 181)。第三人称で語られるのが一般的です。

d　客観視点(劇的視点)

この「視点では、作家は登場人物の誰の心の中にも入り込みません。展開されるアクション自体が語り、読者は会話を聞き、アクションを見ることになります」(前掲書、一八三頁)。ちょうど戯曲(劇)を見るような感じになるため、「劇的視点」の名称が付けられています。第三人称で語られるのが一般的です。

どの視点で物語が書かれているかは、物語を分析する際に非常に重要です。先にも述べたように、視点の選択は内容に重大な影響力を持っているからです。

欧米の言語から日本語へ翻訳をする際には、この視点について十分な注意を払う必要があります。視点についての無頓着から、原書の視点を無視した翻訳がしばしば存在するからです。以前に私は、「全知視点」で書かれた翻訳絵本を読んでいて、どうしても腑に落ちなかったことがありました。

この絵本には、物語の途中で突然第一人称が紛れ込む箇所があったからです。後に原書で調べてみたところ、案の定原書はすべて「全知視点」で語られていました。翻訳者が視点についての知識を十分持たず、何となく感覚的に翻訳をし、論理的な筋の繋がりを無視した結果でしょう。日本語では、「彼」よりも「ぼく」の方がかわいらしいと感覚的に信じ込まれているせいでしょうか、絵本の翻訳などにこの傾向がしばしば見られます。

●時制

テクストの時制も分析対象です。テクストが現在形か、過去形かで、テクストの意味するところは異なるのです。日本語の文章では、どちらかというと時制の扱いは曖昧ですが、欧米の言語で書かれた文章では、時制には大きな意味があります。例えば、文学作品を読んでいると、物語のある時点で過去形から現在形へ時制が変換することがあります。これはむろん印刷の誤りではなく、読者自身が物語の外側から内側へ入り込むための仕掛けです。そのため、翻訳をする際には時制に最大限の注意を払う必要があります。この時制の問題を曖昧にすると、原作者の意図が翻訳に反映されない可能性が多分にあるからです。

例えば、これまで私が原書と邦訳を読み比べた絵本の中に次のようなものがありました。その絵本は原書では、冒頭と発端、結末だけが過去形で語られ、展開部分はすべて現在形で語られていま

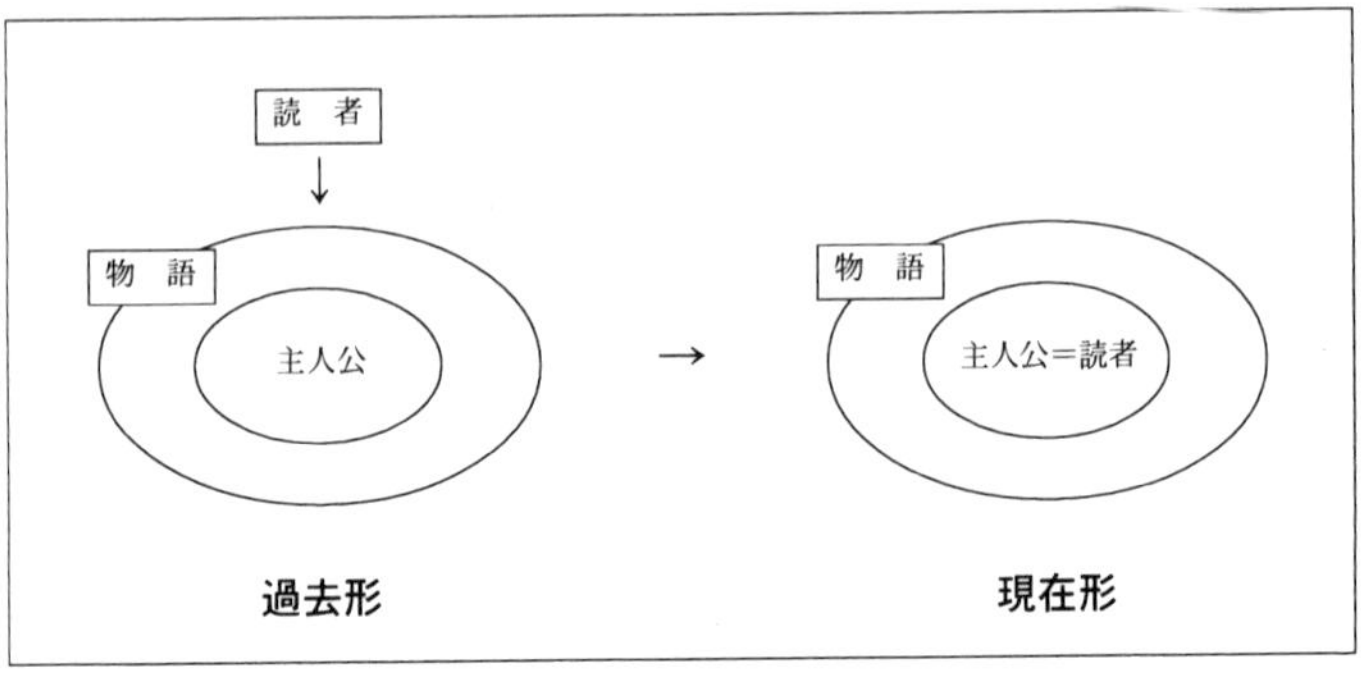

した。時制に注意を払って原書を読んでみると、過去形の部分では主人公の状況が客観的に説明されています。いわゆる導入の部分では、読者はまだテクストの外側にいて、どのような事件が始まるのかと眺めている状態です。そして、その間に作家は読者を物語の中へ誘うための準備をするのです。ひとたび物語が展開しだし、時制が過去形から現在形へ移ると、読者はその現在形の勢いに押されるように物語の中に引きずり込まれ、主人公自身がたった今体験していることがらを一緒に体験するようになります。現在形に変わったとたん、文章に緊張感と臨場感、そしてスピード感が生まれ、読者は物語の中にいる気分を味わうことになるのです。ところが日本語の翻訳では、時制に十分な配慮がなされておらず、すべてが過去形で翻訳されていたため、非常に淡々とある日の出来事を語っているようにしか読めませんでした。試みに、翻訳絵本と、原書通りの時制に直したものとを子どもたちに読み聞かせてみると、明らかに子どもたちが一緒になって冒険気分を味わっているのは後者でした。

すべてを過去形に翻訳された絵本を読んだ読者は、翻訳者の時制に対する配慮のなさによって物語から拒絶され、外側から物語を眺めるしかなくなってしまうのです。

●設定

物語では、場所や時間（時代背景を含む）、環境、季節など、登場人物が活躍する場を設定する必要があります。これらを十分に分析することにより、登場人物が小説の中に設定されたどのような場で活躍するかが押さえられます。

●トーン（調子）

どのような調子でテクストが書かれているか。明るい調子か、鬱々とした調子か、ミステリアスな調子か。そして、なぜそのような調子で語られるのかを考えます。

●語彙（隠喩、風諭、形象など）

選択されている語彙、繰り返し使用されている語彙、隠喩、キーワード、暗示的な要素を持つ語彙などを検討します。

●文法

文法の厳密な検討も重要です。単数形か複数形か（日本語ではこれはしばしば曖昧で分析のしようがありませんが、欧米の言語では重要です）、定冠詞か不定冠詞か、現在形か過去形か、特殊な語順が使われていないかなど、文法に絡んだ事項で検討すべき要素はたくさんあります。ここでは文法を単なる文法としてみるのではなく、作家がなぜそのような文法を用いたのかという観点で検討します。

●登場人物とその相関図

登場人物については次のような点が分析対象となります。

性別、年齢、名前、容貌、表情、性格、職業、所属先、社会的地位、身分〈階級〉、出身（地）、出自、居住地域、宗教、生育環境、教育（学歴）、家族関係、行動の特徴、言葉遣い、服装、好きな色、趣味、特技、など。

また、物語、小説、戯曲における登場人物たちの個人的、社会的相互関係の検討も大切な要素です。

●象徴

作品の中に象徴性のあるものがあれば、その意味するところを探り出します。

●主題
作品の主題、作者が作品に込めた真のメッセージを検討します。

●作家とその背景
作家についての分析も重要です。作家の背景を調べ、それがどのように作品に投影されているかを分析します。作品には、作家の生きた時代、家族構成、人種、宗教、育った環境、受けた教育、経験、職歴などあらゆる情報が反映されます。

分析対象が評論文などの場合は、著者がどのような立場にあるかによって、テクストの内容は大きな影響を受けることになります。

読解のための二段階の手続き

「テクストの分析と解釈・批判」の最終目的は、作家が行間にこめたメッセージを読み取ることです。これは日本の国語の授業で指導される読解の目的と同じです。ただしすでに第一章で述べたように、日本で一般的に実施されている読解では、そのような解釈に至った根拠が明確に示されることがないまま、何となく教師や教材作成者、試験作成者の唯一の読解が押しつけられる形になり、答えを導き出した人物と同じ考えを持てない人は、なぜその解釈に至ったのかを論理的に納得できないまま、答えを受け入れざるを得なくなります。読解、とりわけ学校の読解では、解答が正答、誤答に振り分けられて終了します。一方、「テクストの分析と解釈・批判」では、テクストの読解をするために二段階の論理的な手続きを踏みます。この点がいわゆる日本の読解教育との一番の大きな相違ではないかと私は考えています。二段階の手続きは、次のように取ります。

第一段階　書かれている事実を具体的な根拠にして読む
第二段階　書かれている事実から推し測って読む

第一段階では、問いに対して、必ず具体的なテクストの部分を指し示しながら答えます。つまり、自分の解釈は、何ページの何行目に依拠するものであるという形で、自分の考えを論証するのです。「なぜ彼女は金持ちだと言えるのか？」と問われたら、「○○ページの△△行目に、『彼女は、輝くような白い塀に囲まれた敷地の中に住み、庭にはプールとテニスコートがあった』と書いてあるから」と答えればよいのです。こうした読み方は、日本では意外に実施されていません。書いてあることを根拠にして指摘しても、「読めた」とは認められないからでしょうか。ところが、「テクストの分析と解釈・批判」ではこれが大切なのです。

第二段階では、書かれた事実から、総合的、論理的に推測して、解釈を引き出します。例えば、「彼女は自分の置かれた環境に満足していたか？」という、文章には明確に表現されていない内容を問われたら、「彼女は自分の境遇に満足していない。なぜなら、○○行目に、『彼女はため息をついた』とあり、さらに次ページの△△行目に『彼女はテニスコートを横目でにらみ、それから目を伏せた』と書いてある。この記述から、豊かな生活が与えられているにもかかわらず、彼女はその生活に満足していないと解釈できる」という具合に考えればよいのです。つまり第二段階では、書かれた事実を押さえ、それらを総合的に検討した結果、論理的に導き出せる解釈を引き出すのです。

以上のように、読解において二段階の手続きを踏むと、さっと読んだだけでは理解できなかった内容をしっかりと把握し、解釈できるようになります。そういう意味で、「テクストの分析と解釈・批判」は、日本式の読解よりもずっと取り組みやすく、誰にでも比較的容易に作家の意図が理解できるようになります。

3 「テクストの分析と解釈・批判」をやってみよう

ここから先は、テクストを用いて実際に分析を行なってみましょう。ここでは詩を一本と童話、超短編小説四本を扱います。これまでみてきた手掛かりを用いて、できるだけさまざまな観点からの分析を試みるように心がけました。ただし、本書に挙げた問いや分析の方法はあくまでも一つの例です。最初に述べたように、分析の観点はいくらでもあり、解釈も複数ありますので、この実践編を通して分析の手法が理解できたら、今度は自分で別の観点から分析を試みてください。

(1)「たき火」――場所・季節・人物の分析

日本人であれば誰でも知っている唱歌「たき火」を分析してみましょう。ヨーロッパでは、詩については必ず形式を分析することになっていますが、日本語に当てはめるのは難しいため、ここでは形式分析は省略し、設定(場所・季節)と人物に絞って分析を行ないます。誰でも知っている単純な詩を分析することによってどれだけの情景が立ち上がることになるのか、自分で実感してみてください。

たき火

かきねの　かきねの　まがりかど
たき火だ　たき火だ　おちばたき
「あたろうか」「あたろうよ」
きたかぜピープー　ふいている

さざんか　さざんか　さいたみち
たき火だ　たき火だ　おちばたき
「あたろうか」「あたろうよ」
しもやけおててが　もうかゆい

こがらし　こがらし　さむいみち
たき火だ　たき火だ　おちばたき

（巽聖歌作詞、渡辺茂作曲）

「あたろうか」　「あたろうよ」
そうだんしながら　あるいてく

昭和一六年一二月「ＮＨＫ子どもテキスト」より
JASRAC 出 2305779-301

①場所はどのようなところか？
場所については、次のような情報が書かれています。

＊かきねの　かきねの　まがりかど
＊みち
＊あるいてく

これらの情報から、どのような場所であると解釈できますか？「かきね」、つまり「垣」を『広辞苑』で引くと、「屋敷や庭園などの外側のかこい。かきね」と説明されています。この「かきね」の説明から、詩に表現されている場所が「屋敷」のある場所、つまり住宅がある場所ではないかと解釈できます。そして、「かきねの　かきねの」と、垣根が二度繰り返されていることから、垣根の続く場所、すなわち住宅街ではないかという解釈が導き出せます。さらに、「まがりかど」「みち」とあることから、そこが道の曲がり角であることが分かります。さらにどんな道かと言えば、人が歩ける道です。なぜなら「あるいてく」と書いてあるからです。また、その道の往来は激しくありません。なぜなら「そうだんしながら」歩ける場所だからです。この詩は昭和一六年の詩ですから、むろん一般市民が個人で乗用車を持てる時代ではなく、住宅街を車が走ることはほとんどなかったでしょう。しかし、子どもたちとこの詩を分析すると、子どもたちには（もちろん私自身もですが）昭和一六年の住宅地のイメージはないので、「そうだんしながら」歩ける場所だから、車の通りがほとんどない場所、あるいは歩道のある住宅地、というような指摘が出てきます。詩が書かれた時代を考えるとこの解釈は的はずれですが、詩の制作年代が書かれていなければこうした解釈も成立します。

②季節はいつか？

季節についての情報をまず詩の中から発見してみてください。いくつ見つかりましたか？　季節は「冬」です。なぜでしょう。「冬」を示す情報は次のものです。

＊たき火だ　たき火だ　おちばたき
＊「あたろうか」　「あたろうよ」
＊きたかぜピープー　ふいている
＊さざんか　さざんか　さいたみち
＊しもやけおててが　もうかゆい
＊こがらし　こがらし　さむいみち

・「たき火」

この言葉を『広辞苑』で引くと、「庭などで、落ち葉などを焚《た》くこと。また、その火」との説明があります。それではと「落ち葉」を『広辞苑』で引くと、「散り落ちた葉。特に、晩秋から冬にかけて散る落葉樹の葉」と書かれています。ここから、「たき火」は、冬に行なうもの、つまり季節は冬という解釈が成り立ちます。さらに、「たき火」も「おちば」も冬の季語です。また、「おちばたき」をするにはどのような条件が必要でしょうか。葉は木から落下した直後はまだ湿っていて焚き火には適しません。落ち葉で焚き火をするためには、秋に木から落下した落ち葉が十分に乾燥している必要があります。「おちばたき」をするにはたくさんの乾燥した落ち葉が必要ですから、やはり季節は冬である必要があるのです。

・「きたかぜピープー　ふいている」

『広辞苑』によると、「きたかぜ」は、「北から吹いてくる風」です。この風が、「ピープー」と音を立ててかなり強く吹いている季節は冬です。「北風」もまた冬の季語です。

・「さざんか　さざんか　さいたみち」

「さざんか」は、『広辞苑』によると「秋から冬にかけて」咲く「ツバキ科の常緑小高木」です。「庭園・生け垣などに植栽」します。このさざんかが「さいたみち」なわけですから、季節は秋から冬になります。さざんかだけをみると、季節は秋とも言えますが、他の情報と合わせて総合的に考えると、季節はやはり冬になります。また、季語でもさざんかは冬です。

・「しもやけおててが　もうかゆい」

『広辞苑』で「しもやけ」は「強い寒気にあたって局所的に生ずる軽い凍傷。赤くはれて痛がゆくなることが多い」と説明されています。「きたかぜ」が吹き、手に霜焼けができ、その手がかゆいわけですから、季節は冬ということになります。また季語も冬です。

・「こがらし　こがらし」
こがらしは『広辞苑』では「秋から初冬にかけて吹く、強い冷たい風」と説明され、季語は冬です。この語からも季節が冬であることが論証できます。

・「さむいみち」
「さむい」は『広辞苑』では、「①気温が低いために、皮膚に〈不快な〉刺激を感じる。寒気が強い」と説明され、季語も冬とされています。「みち」が寒いというところから、気温が低い冬であると解釈できます。

言葉を一つ一つ分析してみると、唱歌「たき火」では、季節を表わす言葉すべてに「季語」が使われていることが分かります。しかし、それぞれの言葉が冬の季語だから冬である、と考えるのではなく、それぞれの言葉がなぜ冬の季語に指定されているのかを考え、一つ一つの言葉の正確な意味をきちんと調べてみると、「たき火」が冬の歌であることがはっきりします。

③a　この詩には何人の人物が登場するか？
この詩には果たして何人の人物が登場するか、あなたはこれまで考えたことがありますか？　何

となく歌っているときには、いったい人物が何人登場するかなど特に気にする必要もありません。ところが、内容を分析するとなると、何人の人物がいるのかということは重要です。もしあなたがこの詩についてイラストを描かねばならないとすると、人物についての分析も必要となります。人物が何人いるのか、それがどのような人物なのかが分からないと絵を描きようがないからです。何人の人物がいるかについては、次のような情報が示されています。

＊「あたろうか」　「あたろうよ」
＊そうだんしながら　あるいてく

・「『あたろうか』『あたろうよ』」
ここから人物が最低二人いると言えます。なぜなら、かぎかっこは会話がなされていることを示しますが、そのかぎかっこが二つ並び、最初のかぎかっこの内容は相手への質問を示し、後のかぎかっこの内容は先の質問への応答を示しているからです。会話は一人ではできません。

・「そうだんしながら　あるいてく」
相談は、「互いに意見を出して話し合うこと」（『広辞苑』）です。「互いに意見を出」すためには、最低二人以上の人数が必要になります。従って、この「そうだん」という言葉からも、最低二人以上の人物が登場することを論証できます。

「たき火」の分析でしばしば指摘されるのが、もう一人の登場人物の存在です。それは焚き火をする人物です。北風が強く吹く日に焚き火を放置しておいては火事になりかねないので、必ず誰か焚き火の番をする人がいるはずだという指摘です。この焚き火をする人については、直接的な情報の提示はありませんが、状況を厳密に考えてみると確かにもう一人、焚き火の番をする人がいそうです。「きたかぜピープー　ふいている」を根拠にすれば、北風が強く吹く日に焚き火をするのだから、必ずそれを管理する人は存在するはずだ、という根拠は十分に成立するでしょう。

③b　相談している人物たちはどのくらいの年齢か?

この問いについては、二つの考え方があります。子ども同士という考え方と大人と子どもという考え方です。後者の考え方ですと、子どもはかなり幼くても可能になりますので、分析のしがいがありません。ここでは子ども同士として考えてみましょう。子ども同士だとして、その子どもはいったい何歳くらいなのでしょうか。それに対する意見を支える根拠は次のものです。

＊しもやけおてでが　　もうかゆい
＊「あたろうか」　「あたろうよ」
＊そうだんしながら　　あるいてく

まず、年齢の上限を考えてみましょう。ここに登場する子どもは、何歳くらいまでの子どもでしょうか。一四歳ですか。本書を読んでいるあなたは思わず首を横に振りませんでしたか？　どうしてですか？　首を振るには理由があるはずです。この歌に登場する子どもは、おそらくせいぜい六〜七歳くらいまででしょう。どうしてそう解釈できるのでしょうか。

・「おてて」

「おてて」は「手〈幼児語〉」（『広辞苑』）です。「幼児語」とは、「幼児期にのみ使われる言葉」（同）です。さて、この「幼児期」がいつまでを指すのかといえば、「生後一年ないし、一年半から満六歳頃までの時期」（同）とあります。『広辞苑』を引くまでもなく、小さな子どもが身近にいる人であれば、「おてて」という言葉を子どもが使用するのはせいぜい幼稚園の年長か、小学校の一年生くらいまでということをご存じでしょう。それ以上の年齢になると、「おてて」などという幼児語は子どもにとって格好の悪い言葉になってしまうのです。

「おてて」という言葉から子どもの年齢の上限は規定できました。それでは今度は下限について検討してみましょう。「おてて」という言葉は、一歳半くらいから使える言葉です。ですから、「おてて」という言葉だけを根拠にすると、六〜七歳以上はあり得ないけれど、一歳半くらいから上なら何歳でも構わないということになってしまいます。では本当に何歳でもあり得るのでしょうか。そんなことはありません。ここで年齢の下限を検討するのに引っかかってくる言葉があります。「『あたろうか』『あたろうよ』」「そうだんしながら　あるいてく」です。

・「『あたろうか』『あたろうよ』」

これは、一人が相手に焚き火にあたるかどうかの判断を仰ぐ問いを立て、もう一人がその問いに対し自分の判断を示しています。このような判断を自分自身で下せるのは、いったい何歳ぐらいの子どもでしょうか。二歳で可能ですか？　無理ですね。二歳では焚き火が危険なものであるという認識もないでしょう。では三歳では？　三歳でも厳しいでしょう。理由は二歳の場合と同じようなものです。では、四歳では？　四歳といえば幼稚園年中児です。そろそろ焚き火にあたるかどうかの判断程度ならできるかもしれません。五歳ではさらに判断がしっかりしてくるでしょう。このように考えてみると、年齢の下限は四〜五歳ではないかという考えが成り立ちます。

・「そうだんしながら」

相談は、「互いに意見を出して話し合うこと」ですから、他者の存在をまだはっきりと把握できていない二歳児や三歳児には相談をすることは難しいでしょう。そう考えると、「そうだんしながら」という言葉からも年齢の下限を理由づけることが可能です。

・「そうだんしながら　あるいてく」

さらにこの子どもたちは「そうだんしながら」子ども同士で「あるいて」いることになります。たとえ住宅地といえども、二～三歳児が子どもたちだけで通りを歩くでしょうか。一般常識ではあり得ないでしょう。子どもたちだけで外を歩けるとしたら、いくら車の通りもほとんどなく、のんびりとして安全だったであろう昭和一六年であったとしても、やはり子どもたちは四～五歳にはなっている必要があるでしょう。

「たき火」には子どもの年齢についての直接的な記述は一切ありません。しかし、このように言葉を厳密に分析してみると、この歌に登場する子どもが四～五歳から六～七歳の年齢であるという解釈を引き出すことができます。そして、登場人物の年齢まではっきりして初めて、「たき火」の歌についてイラストを描くことが可能になるのです。

日本語の詩では西洋式の形式分析が難しいですが、漢詩は形式分析に向いています。私自身は、帰国後編入した高校の同級生に中国人がおり、彼女の母親が「長恨歌」を中国語で読んでくれました。その韻の響きが美しく、韻を踏んだドイツ詩の響きの美しさを思い出したものです。詩の形式分析では、韻や音の強弱などの在り方から、形式を分析します。

(2)「赤ずきんちゃん」――人物とその相互関係と役割、名前の分析

童話（メルヒェン）である「赤ずきんちゃん」は、読者の置かれている状況、その時代の状況や社会現象を当てはめて、いかようにも解釈ができます。「赤ずきんちゃん」全体を分析するのは大変な作業ですので、ここでは登場人物とその相互関係と役割、名前に限って分析してみましょう。

赤ずきんちゃん（グリム童話）

（三森ゆりか＋馬淵みか訳）

むかしむかし、小さなかわいい女の子がいました。ひと目見ただけでだれでも女の子を好きになりました。でも、この子を一番かわいがっていたのはおばあさんでした。おばあさんは女の子があんまりかわいくて、何をあげたらよいのかわからないほどでした。ある時おばあさんは、女の子に赤いビロードでできたずきんをあげました。このずきんがとてもよく似合ったものですから、女の子はこればかりかぶりたがりました。それで女の子は、「赤ずきんちゃん」と呼ばれるようになり

ました。

　ある日、お母さんが赤ずきんちゃんに言いました。

「ちょっといらっしゃい、赤ずきんちゃん。ここにケーキとぶどう酒が一本あるから、これをおばあさんに持って行ってちょうだい。おばあさんは病気で弱っていらっしゃるけれど、これできっと元気になるわ。暑くなる前に出かけなさい。外に出たらお行儀よく歩いてね。道草はしちゃ駄目よ。そんなことをして転んで瓶を割ってしまったら、おばあさんにあげるものがなくなってしまうから。それから、おばあさんのお部屋に入ったら、忘れずに『おはようございます。』と言いましょうね。部屋に入ったとたん、きょろきょろ見回すようなことをしてはいけませんよ。」

「だいじょうぶ。ちゃんとできるわ。」

赤ずきんちゃんはお母さんにそう言うと、お母さんの手を握って約束しました。

　ところで、おばあさんは村から半時間ほど離れた森の中に住んでいました。赤ずきんちゃんが森の中に入っていくと、狼に出会いました。赤ずきんちゃんは狼がどんなに悪い動物か知らなかったので、狼を怖いと思いませんでした。

「こんにちは、赤ずきんちゃん！」

と、狼が言いました。

「こんにちは、狼さん！」

「赤ずきんちゃん、こんなに早くどこにお出かけかい？」

「おばあさんのところよ。」

「エプロンの下に持っているのは何だね？」

「ケーキとぶどう酒よ。昨日お母さんとケーキを焼いたの。病気で弱っているおばあさんに持って行って、元気になっていただくの。」

「赤ずきんちゃん、おばあさんはどこに住んでいるの？」

「森の中よ。まだあとたっぷり一五分くらいかかるわ。三本の大きな樫の木の下におばあさんのお家があるの。下にクルミの生け垣があるわ。狼さん、知っているでしょう？」

と、赤ずきんちゃんが言いました。狼は、腹の中で考えました。『この、若くてやわらかそうなやつ。こいつはうまいご馳走だ。ばあさんよりもずっとうまいにちがいない。狼さんよ、うまくやれよ。そうすりゃ二人ともいただきだ』。そこで狼はしばらく赤ずきんちゃんと並んで歩き、それからこう言いました。

「赤ずきんちゃん、ほら、ご覧よ。辺り一面にきれいなお花が咲いているよ。どうして周りを見ないんだい？　君には聞こえないのかい？　こんなにきれいな声で鳥がさえずっているのに。なんだか君はわき目もふらずに歩いているね。まるで学校へ行くときみたいだよ。森の中はこんなに楽しそうなのに。」

赤ずきんちゃんは目を上げました。そして、木漏れ日がちらちらと踊り、辺り一面に美しい花が咲き乱れているのを目にすると、こう思いました。『お花を摘んで花束を持って行ってあげたら、おばあさん、きっと喜んでくれるわ。まだ早いから、ちゃんとおばあさんのおうちに着けるわよ。』

　そこで赤ずきんちゃんは、道草して森の中に入り、花を探し始めました。一本花を摘むと、向こうにはもっときれいな花が咲いているように思えました。それで赤ずきんちゃんは、どんどん森の奥深くへ入って行きました。その間に狼は、まっすぐにおばあさんのところへ走って行き、戸を叩きました。

「外にいるのはだれだい？」

「赤ずきんよ。おばあさんにケーキとぶどう酒を持って来たの。開けてちょうだい！」

「取っ手を回しておくれ！」

と、おばあさんが大きな声で言いました。

「私は弱っていて、立てないんだよ。」

狼は乱暴に扉を押し開け、一言も言わずにまっしぐらにおばあさんのベッドに突進すると、おばあさんを一口で飲み込んでしまいました。それから狼はおばあさんの服を着てずきんをかぶり、ベッドに横になって窓のカーテンを引きました。

　そのころ赤ずきんちゃんは、花を探して駆けずり回っていました。そして、もう持ちきれないほどたくさん集めるとようやくおばあさんのことを思いだして、おばあさんの家へ向かいました。赤ずきんちゃんは、戸が開いているのを不思議に思いました。部屋に入るとなんだかいつもと違う様子です。『あら、まあ。私ったら、今日はなんでこんなに嫌な感じがするのかしら。いつもはおばあさんの所が大好きなのに。』

「おはようございます！」

と、赤ずきんちゃんは大きな声で言いました。でも、何の返事もありません。そこで赤ずきんちゃんはベッドのそばへ行き、カーテンを開けました。するとそこにはおばあさんが寝ていました。おばあさんは顔が隠れるほどずきんをすっぽりとかぶり、とてつもなく奇妙な様子でした。

「まあ、おばあさん、何て大きなお耳なの！」

「おまえの言うことがもっとよく聞こえるようにさ！」

「まあ、おばあさん、何て大きな目なんでしょう！」

「おまえがもっとよく見えるようにさ！」

「まあ、おばあさん、何て大きな手なの！」

「おまえをしっかり捕まえられるようにさ！」

「まあ、おばあさん、何てとんでもなく大きな口をしているの！」

「おまえをうまく喰えるようにさ！」

そう言ったとたん狼はがばっとベッドから跳ね起き、かわいそうな赤ずきんちゃんをがぶりと飲み込んでしまいました。


望みを叶えると、狼はまたベッドに横になりました。そして、大きないびきをかいて寝入ってしまいました。ちょうどその時、狩人がおばあさんの家の前を通りかかりました。そして、『おばあさんたら、何て大いびきだ。具合でも悪いといけないから、ちょっと様子を見てあげよう。』と考えました。部屋の中に入り、ベッドの前へ行ったところで、狩人は眠りこけている狼を見つけました。

「こんなところにいやがったのか。この悪党め。ずいぶん長いこと探し回ったぞ。」

狩人はそう呟《つぶや》くと、鉄砲のねらいを定めようとしました。けれどもふと、狼がおばあさんを食べているかもしれない、と思いつきました。まだおばあさんを助けられるかもしれません。そこで狩人は鉄砲を撃つのをやめ、代わりにはさみを取ってきました。そして、眠っている狼のお腹を切り開き始めました。二、三度はさみを入れると、赤いずきんが見えました。もう数回はさみを入れると、女の子が飛び出してきて、叫びました。

「ああ、驚いた。狼のお腹の中って真っ暗なんだもの！」

赤ずきんちゃんのあとから年取ったおばあさんも這い出してきました。おばあさんは息も絶え絶えの有様でした。赤ずきんちゃんはすぐさま大きな石を持ってきて、狼のお腹に詰め込みました。狼は目を覚ますと、飛び上がって逃げようとしました。でも、お腹の石が重すぎたので、そのまま倒れ込んで死んでしまいました。

　三人は大喜びです。狩人は狼の毛皮をはいで、それを持って帰りました。おばあさんは、赤ずきんちゃんが持って来たケーキを食べ、ぶどう酒を飲んで、元気を取り戻しました。ところで赤ずきんちゃんはと言えば、『これからはお母さんが駄目と言ったら、絶対一人で森の中で道草しないことにしよう。』と思いました。

①赤ずきんちゃん・お母さん・おばあさん・狼・狩人は、それぞれどのような人物か？

a　赤ずきんちゃん

村娘、愛らしい容貌の幼い少女、六〜七歳、素直、無知、無邪気、怖いもの知らず、人を疑うことを知らない、人の言葉を鵜呑みにする、自分で判断ができる、自立心がある、祖母思い、優しい、観察力がある、異変を察知する力がある、反省できる赤ずきんちゃんの人物像については、おおよそ右のように考えられます。では、なぜ赤ずきんちゃんがそのような人物であると考えられるのでしょう。「たき火」の場合と同じく、一つ一つテクストを引用しながら論証していきましょう。

＊村娘

「おばあさんは村から半時間ほど離れた森の中に住んでいました」（16行目）の記述から、赤ずきんちゃん自身は森の中ではなく、村の中に住んでいると解釈できます。

＊愛らしい容貌の幼い少女

「小さなかわいい女の子」（1）、「ずきんがとてもよく似合ったものですから、女の子はこればかりかぶりたがりました」（4～5）、「狼がどんなに悪い動物か知らなかったので、狼を怖いと思いませんでした」（17～18）、「外に出たらお行儀よく歩いてね。道草はしちゃ駄目よ」（10）、「おばあさんのお部屋に入ったら、忘れずに『おはようございます。』と言いましょうね。部屋に入ったとたん、きょろきょろ見回すようなことをしてはいけませんよ」（12～13）、「一本花を摘むと、向こうにはもっときれいな花が咲いているように思えました。……どんどん森の奥深くへ入って行きました」（41～43）などの記述から、赤ずきんちゃんが幼い少女であると解釈できます。赤ずきんちゃんが赤いずきんばかり被りたがった、という部分に、幼い子ども特有の好みの物に対する執着が見られます。一般に幼児期から小学校低学年までの子どもには、お気に入りのぬいぐるみやお気に入りの靴や帽子などにこだわり、それがないと眠ることができない、出かけることができないなどの傾向が見られるものです。また、狼が悪い動物だと知らない点も、まだ幼く、十分な社会常識を持ち合わせていないことを示しています。さらに、母親が事細かに行儀作法について注意している点からも、赤ずきんちゃんが幼い少女であることが分かります。母親が注意していることがらはどれも基本的なことだからです。赤ずきんちゃんが花摘みに夢中になり、用事を忘れてしまうあたりにも子どもらしさが表われています。

＊六〜七歳

赤ずきんちゃんの年齢については、六〜七歳が妥当なところでしょう。右に列挙した理由から、赤ずきんちゃんの年齢が高くないことは判断できます。しかし、それほど年齢が低いわけでもありません。そう解釈できる理由はなんでしょうか。赤ずきんちゃんはまず、「ケーキとぶどう酒が一本」（8）入った籠を持って歩くだけの体力と腕力があります。しかも歩く時間はおよそ三〇分程度です。「おばあさんは村から半時間ほど離れた森の中に住んで」（16）いるからです。また、狼に花摘みを勧められて、「まだ早いから、ちゃんとおばあさんのおうちに着ける」（40）

と自分で判断ができる点、「まだ早い」「たっぷり一五分くらい」(28)が示すように、幼いけれどもすでに時間の観念を持っている年齢であることが分かります。

＊素直、無知、怖いもの知らず、人を疑うことを知らない、人の言葉を鵜呑みにする

赤ずきんちゃんについてのこれらの読解は、主に狼とのやりとりから引き出すことができます。赤ずきんちゃんはすでに述べたように、狼が悪い動物であるという事実を知りません。その意味で、社会を未だよく知らない無知な子どもであると言えます。また狼が自分を騙そうとしていることは露ほども疑わず、狼の言葉を鵜呑みにして、狼に勧められるままに花摘みを始めます。

＊自分で判断ができる、自立心がある

母にお使いを頼まれたとは言え、赤ずきんちゃんは森の中の道を半時間もかけて一人で歩いていくことができます。ここから赤ずきんちゃんは自立心を持っていると解釈できます。また、狼に花摘みを勧められると「おばあさん、きっと喜んでくれるわ」(39〜40)と、自分で花摘みをする判断を下しています。

＊祖母思い、優しい

病気のおばあさんのために、幼い子どもにしては重い荷物を持って半時間もお使いに出る決心ができるあたりに、赤ずきんちゃんの祖母を思う気持ちが表われています。また、赤ずきんちゃんのお気に入りの赤いずきんを作ってくれたのが祖母であること（3〜4）を赤ずきんちゃんは認識しているでしょう。おばあさんに綺麗な花を摘んでいったら「きっと喜ぶ」と考えているところからも赤ずきんちゃんの優しい性格を読み取ることができます。

＊観察力がある、異変を察知する力がある

おばあさんの家に到着した赤ずきんちゃんは、「戸が開いているのを不思議に思い」（55）ます。そして、「今日はなんでこんなに嫌な感じがするのかしら」（56）と感じ、すぐさまカーテンを開け、すっぽりずきんを被ってベッドに横になっているおばあさんの様子を観察しています。

＊反省できる

「『これからはお母さんが駄目と言ったら、絶対一人で森の中で道草しないことにしよう。』」（90〜91）と考えているところから、赤ずきんちゃんが自分の行動を振り返り、反省できる子どもであることが分かります。

b　お母さん

お母さんは冒頭の部分にしか登場しません。この母親は果たしてどのような人物なのでしょうか。この母親の人物像には、中高生と分析するときと、大人の、しかも既婚の女性たちと分析するときとでは、いつもかなり異なります。中高生たちからは、次のような解釈が出てきます。「しつけに厳しい・口うるさい・母親思い・不注意・母親失格」。「しつけにうるさい・口うるさい」については、赤ずきんちゃんに対して、すでに述べたように事細かな注意を与えているからです。「母親思い」というのは、病気の「おばあさん」が回復するようにとケーキとぶどう酒を娘に届けさせようとしているからです。また、「不注意・母親失格」というのは、狼がいるかもしれない森の中に幼い娘を一人で行かせること、そして狼に対する注意を一切与えないことなどが根拠として挙げられます。

一方、大人の既婚の女性がどのように母親像を捉えるのかというと、もっと複雑で、母親と老婆は嫁姑の関係にあるとの指摘が必ず出てきます。その根拠は、狼が出るかもしれない森の中に住む義母のもとへ年端もいかない娘を使いに出しているから、というものです。老婆が実母であれば、娘を一人使いに出すことはあり得ない。夫の手前仕方なく義母に気遣いを見せることにしてはみたものの、自分が行く気には到底なれないので、娘を行かせたにちがいない。それに事細かに娘にマナーについて注意を与えているのは、義母に自分が母として立派に娘のしつけをしていることをアピールするためにちがいない。このように母親像を分析しながら、ため息をつき、自身の行動を省みて反省する方もいらっしゃるほどです。横道にそれますが、「テクストの分析と解釈・批判」には、実はこのようにテクストを読みながら自分自身の生活や人生を見つめ直す機会を読者に持たせる効果があります。さまざまな人生の詰まった小説や物語だからこそ、そこに描かれた人々の人生を通して自分の人生を客観的に見つめ直す機会が得られるのです。

c　おばあさん

おばあさんは孫を愛する優しい人物です。これは二〜四行目にはっきりと書いてあります。またおばあさんは病気で伏せっており（9）、身体が弱って歩けないほどです。自ら「私は弱っていて、立てないんだよ」（49）と、赤ずきんちゃんに化けた狼に言っています。また、身動きができないため、無力で、狼に襲われても全く抵抗することができず、自分の運命を受け入れるしかありません。その状況は、「狼は乱暴に扉を押し開け、一言も言わずにまっしぐらにおばあさんのベッドに突進すると、おばあさんを一口で飲み込んでしまいました」（50〜51）から推測できます。赤ずきんちゃんは狼と問答し、ある程度抵抗していますが、おばあさんは問答無用、声を発する間もなく狼に飲み込まれています。

d　狼
物語における悪者、狩人と対立関係、人間の敵、悪知恵が働く、人を騙す、まぬけ、不注意、自信家

狼は、物語「赤ずきんちゃん」における悪者です。これは、「この悪党め」(77)という狩人の言葉から明らかです。むろん、狼の赤ずきんちゃんやおばあさんに対する行動からも、狼が悪党であることは指摘できます。狼は狩人と長い間対立関係にあります。それは、「こんなところにいやがったのか。……ずいぶん長いこと探し回ったぞ」(77)という狩人の言葉から推測できます。狼が「人間の敵」であることは、狩人が「ふと、狼がおばあさんを食べているかもしれない」(78~79)と思い直して、狼を鉄砲で撃たずにお腹を開くところから考えられます。狼がおばあさんを食べているかもしれないということは、狼がおばあさんの家のベッドで眠りこけているところからも十分に推測できることですが、狩人がそのような考えに至った背景には、狼がこれまでに積み重ねてきた悪事が影響を与えているでしょう。また、狼が相当の悪事を重ねているのでなければ、狩人が狼を長いこと探し回る必要はないはずです。逆に、狩人に長いこと追い回されても捕まらないことが、狼を「自信家」にしたのでしょう。「自信家」であるからこそ、狼はお

ばあさんと赤ずきんちゃんを食べ、そのままおばあさんの家のベッドで寝入った、とも言えます。さらに、「大きないびき」（72）という記述からも、狼の自信家ぶりが見受けられます。狼が「悪知恵が働」き、「人を騙す」人物であることは、赤ずきんちゃんとおばあさんを食べるために、赤ずきんに花摘みを勧めているところから読み取れます。

その一方で狼は「まぬけ」で「不注意」な人物でもあります。狩人に追い回されていることを知っていながら、どうせ捕まりはしないという自信から、おばあさんの家で眠り込んでしまうからです。狼がもう少し注意深く、用心深ければ、いくらこれまで捕まらなかったからとは言え、そのまま犯行の現場で眠ってしまうことはなかったはずです。

e　狩人

動物を狩ることを職業とする人物、武器を持つ、優しい、親切、おばあさんと顔見知り、狼と敵対関係、冷静な判断力、機転が利く

狩人は「猟を業《なりわい》とする」（『広辞苑』）人物です。その職業から、狩人は武器を持った人物であると言えます。「鉄砲のねらい」（78）の記述から、狩人が鉄砲を携帯していることが分かります。狩人は「おばあさんと顔見知り」で、優しく親切です。おばあさんと顔見知りであることは、「お

ばあさんたら、何て大いびきだ。具合でも悪いといけないから、ちょっと様子を見てあげよう」（73〜74）から読み取れます。狩人はおばあさんがふだん大いびきをかかないことを知っていたので、大いびきを耳にして具合が悪いのではないか、と気づいたわけです。またそうした気遣いができるところから、狩人は親切で優しい人物であると言えます。狩人が狼と敵対関係であることは、すでに狼のところで説明しました。狩人は、「冷静な判断力」を持ち、「機転が利く」人物です。宿敵を鉄砲で撃とうとして、おばあさんが飲み込まれているかもしれないと判断し、狼のお腹をナイフで切り開くからです。こうした行動から、狩人は冷静に判断ができ、また、機転の利く人物であると言えます。

②彼らに名前がないのはなぜか？

「赤ずきんちゃん」の登場人物たちには固有の名前が付いていません。これは何を意味するのでしょうか。メルヒェンや童話などの物語では、多くの場合固有の名前が付けられずに、「白雪姫」などのように人物の容姿や身分を示す名称が与えられていたり、ハンスなどのようにありきたりな名前が付けられていたりして、凝った、深い意味のある名前が付けられていることは滅多にありません。

登場人物に固有の名前が付いていると、その人物はその名前を持った人物に限定される可能性があります。つまり、読者が物語を読みながら、「これはクリスティーナの物語で、私には関係ない」という読みに繋がりやすいのです。ところが固有の名前がないと、その人物は客観化、一般化され、誰もが当てはまる人物として捉えられるようになります。「赤ずきんちゃん」の母親の記述部分を読みながら、既婚女性が「お母さん」に自分を重ね合わせて読む傾向にあることを先に説明しましたが、その心理的な作用は「お母さん」が「お母さん」と書かれていることから生まれてくるのです。

「赤ずきんちゃん」の物語には、四種類の名前の付け方が見られます。まず一つ目は「赤ずきんちゃん」です。「赤ずきんちゃん」は、赤い頭巾を被った小さな女の子を表現しています。名前を聞いただけで、その幼い少女は赤い頭巾を身につけているという、おおよその姿形を思い浮かべることができます。また、原書のドイツ語では「赤ずきんちゃん」は〈Rotkäppchen〉となっており、その語尾である〈-chen〉が、「小ささ」や「愛らしさ・親しみ」などを表現しています。日本語の「ちゃん」も「名詞に付けて、親しみを表わす呼び方」(『広辞苑』)ですが、「小ささ」を表現するわけではないようです。さらに「赤」という色が、その少女の生命力や健康、元気などを表現しているでしょう。二つ目が「お母さん」と「おばあさん」です。「お母さん」と「おばあさん」は、二人の性別と家庭における役割を表現しています。「お母さん」は既婚女性で子どもがいることを表わしています。「おばあさん」は、名前だけでは既婚で子どもがいるかどうかは分かりませんが、高齢で社会的弱者であることを示唆しています。三つ目が「狩人」です。「狩人」は、職業を表わし、武器の所持を示唆します。四つ目が「狼」です。「狼」は、動物の名称がそのまま名前になっています。国や地域によって認識が異なるものの、「狼」は一般的に「悪者、人に危害を与える者」と考えられており、「狼」が物語に登場しただけで、何か悪いことが起こると予想できます。

さて、これらの登場人物に、それぞれ固有の名前を当てはめてみると、物語「赤ずきんちゃん」はどのように変質するでしょうか。最初に登場するときにこそ「赤ずきんをかぶっています」と紹介されるものの、その後はすべて「カトリン」だとしたら？　同じように、お母さんが「アンナ」で、おばあさんが「ハンナ」、狩人が「ハンス」で、狼が「ペーター」だったとしたら、「赤ずきんちゃん」の物語を同じような感覚で読めるでしょうか。試みに一度名前をすべて置き換えて読んでみると、職業や役柄を表わした名前が物語にどれだけの影響を与えているかがよく理解できることでしょう。

③人物の相互関係とその役割について

物語「赤ずきんちゃん」では、人物たちはどのような相互関係にあるのでしょうか。図式化して考えてみましょう。

図式化して考えてみると、「赤ずきんちゃん」において人物がどのような相互関係にあり、どの

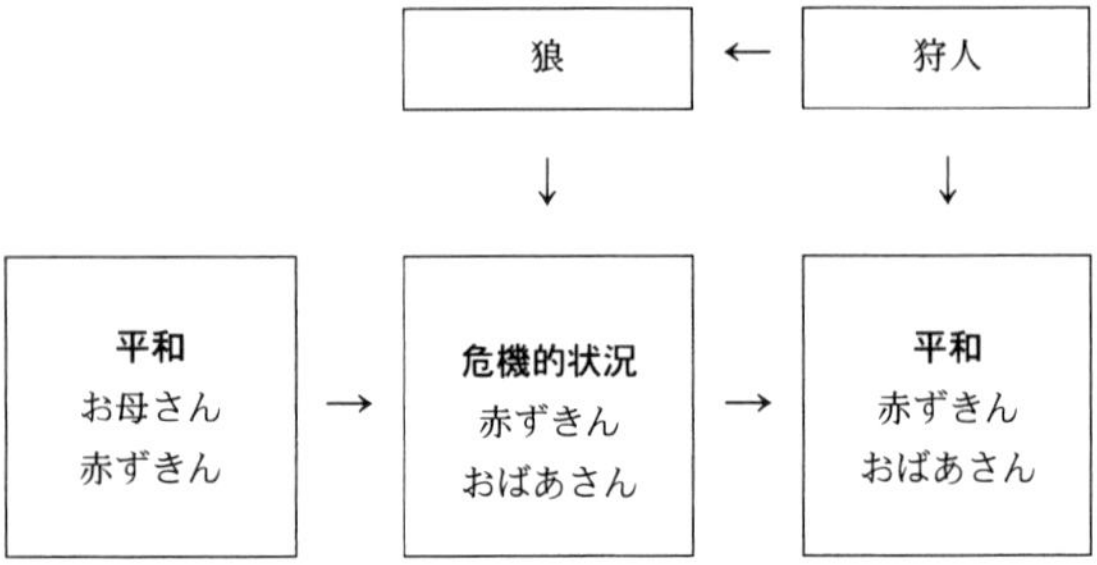

ような役割を果たしているのかがよく見えてきます。まず、お母さんと赤ずきんは親子関係にあり、穏やかな平和のなかでごく一般的な庶民の暮らしをしています。お母さんは病気のおばあさんのためにケーキを焼き、娘にお使いに行かせます。この時点で、母も娘もその後に起きる危険については全く予測していません。この状況においては、娘の赤ずきんより母の方が上に位置するという上下関係が成立しています。二人が親子関係にあるだけでなく、母が事細かに赤ずきんに指示を出しているからです。赤ずきんが森で狼に出会うと、危機的状況が始まります。まず、五人の登場人物の中で一番の高齢で、肉体的にも弱い、弱者の立場にある祖母が狼の餌食になります。次に、健康で肉体的な若さはあるものの、年齢が低く、社会常識を欠く赤ずきんが、狼の餌食になります。狼が二人を食べて満足し、自分の力を過信して眠り込むと、そこへ狩人が登場します。この狩人は武器を携行し、狼を始末します。そして、赤ずきんと祖母にとって希望のなくなった状況を打開して、再び二人を平和な状況に戻します。

このように五人の登場人物の相互関係と役割を単純化すると、この物語がよりさまざまに読めてきます。高校生と「赤ずきんちゃん」を読んだときには、ちょうど世界史でフランス革命を学んでいた高校生が、「赤ずきんちゃん」の内容をフランス革命に置き換え、それによってそれまで彼らにとって単に年号と事件の羅列にしかすぎなかったフランス革命が一連の事件として理解できるようになったのです。一般民衆であるお母さん（母は直接狼の餌食にはなりませんが、最愛の娘の喪失により狼の被害者となります）と赤ずきんちゃん、それよりさらに低い立場にあるおばあさんが暴君の狼によって危機的状況に陥ると、武器を携えた英雄の狩人が立ち上がります。そして、己の力を過信し、慢心した暴君を始末して乱れた社会秩序を彼が正し、一般民衆である赤ずきんたちに再び平和が訪れます。このように「赤ずきんちゃん」が理解できると、確かにフランス革命のおおよその意味は理解できるようになるでしょう。また、「赤ずきんちゃん」のような物語は、社会で発生するさまざまな事件に当てはめて理解することも可能です。

(3)「人形」――場の設定

小林秀雄の「人形」は、何とも言いようのない哀しみを湛えた作品です。ここではその作品の内容について深く掘り下げることはせず、この作品において場の設定がいかに重要であるかを考えてみましょう。

人形

小林秀雄

或る時、大阪行の急行の食堂車で、遅い晩飯を食べていた。四人掛けのテーブルに、私は一人で坐っていたが、やがて、前の空席に、六十恰好の、上品な老人夫婦が腰をおろした。

細君の方は、小脇に何かを抱えてはいって来て私の向いの席に着いたのだが、袖の蔭から現れたのは、横抱きにされた、おやと思う程大きな人形であった。人形は、背広を着、ネクタイをしめ、外套を羽織って、外套と同じ縞柄の鳥打帽子を被っていた。着附の方は未だ新しかったが、顔の方は、もうすっかり垢染みてテラテラしていた。眼元もどんよりと濁り、唇の色も褪せていた。何かの拍子に、人形は帽子を落し、これも薄汚くなった丸坊主を出した。細君が目くばせすると、夫は、床から帽子を拾い上げ、私の目が会うと、ちょっと会釈して、車窓の釘に掛けたが、それは、子供連れで失礼とでも言いたげなこなしであった。

もはや、明らかな事である。人形は息子に違いない。それも、人形の顔から判断すれば、よほど以前の事である。一人息子は戦争で死んだのであろうか。夫は妻の乱心を鎮めるために、彼女に人形を当てがったが、以来、二度と正気には還らぬのを、こうして連れて歩いている。多分そんな事か、と私は想った。

夫は旅なれた様子で、ボーイに何かと註文していたが、今は、おだやかな顔でビールを飲んでいる。妻は、はこぼれたスープを一匙すくっては、まず人形の口元に持って行き、自分の口に入れる。それを繰返している。私は、手元に引寄せていたバタ皿から、バタを取って、彼女のパン皿の上に載せた。彼女は息子にかまけていて、気が附かない。「これは恐縮」と夫が代りに礼を言った。

そこへ、大学生かと思われる娘さんが、私の隣に来て坐った。表情や挙動から、若い女性の持つ鋭敏を、私は直ぐ感じたように思った。彼女は、一と目で事を悟り、この不思議な会食に、素直に順応したようであった。私は、彼女が、私の心持まで見てしまったとさえ思った。これは、私には、彼女と同じ年頃の一人娘があるためであろうか。

細君の食事は、二人分であるから、遅々として進まない。やっとスープが終ったところである。もしかしたら、彼女は、全く正気なのかも知れない。身についてしまった習慣的行為かも知れない。とすれば、これまでになるのには、周囲の浅はかな好奇心とずい分戦わねばならなかったろう。それほど彼女の悲しみは深いのか。

異様な会食は、極く当り前に、静かに、敢て言えば、和やかに終ったのだが、もし、誰かが、人形について余計な発言でもしたら、どうなったであろうか。私はそんな事を思った。

（『考えるヒント』一六八〜一七〇頁所収、文春文庫）

本作品では、「大阪行の急行の食堂車」（1）が、事件が展開する場として設定されています。「急行の食堂車」という設定から、次のことが言えます。

＊公の場であること
＊衆目に晒《さら》される場であること
＊旅の途上であること

さて、この「人形」という作品では、なぜ場の設定を分析することに価値があるのでしょうか。もしこの作品において最も重要と思われる箇所に線を引きなさいと指示されたら、真っ先に「大阪行の急行の食堂車」に線を引かなければならないのはなぜでしょうか。

先を急ぐ前に、設定を変えてみましょう。もし場が、列車の中ではなく、「居間の食卓」であったとしたら、この作品の内容はどのように変化するでしょうか。「食堂車」と同様の凄みのある哀しみが「居間の食卓」で伝えられるでしょうか。設定が「居間の食卓」に変わった場合、そこに登場するのは夫婦と人形だけになります。息子の喪失により妻が乱心し、息子と思いこんだ人形に一匙一匙食事を与えたとしても、その行為自体は奇異ながら、人目を引くことはありません。人形が相当以前に作られたものであることは、「もうすっかり垢染みてテラテラしていた」（6）、「人形の顔から判断すれば、よほど以前の事である」（10〜11）などの記述から明らかです。また、夫はすでに妻の行為に馴染んでいますから、妻の行為に対して特別な反応を示すことはないでしょう。夫が妻の行為を受け入れていることは、夫が食堂車の中で、大きな人形を抱える妻を目の前にしながら「おだやかな顔でビールを飲んでいる」（14〜15）ことからも明らかです。つまり、すでにそのような心境にある夫と二人だけの居間の食卓に場を設定した場合、これほどの悲哀は表現できないのではないでしょうか。その場にたとえ客が居合わせても同じです。自宅に招き入れ、料理を振舞うほどの相手であれば、妻の事情を十分に知った相手であるでしょう。

さて、ここから先は、読者の皆様に委ねましょう。「人形」という作品において、「急行の食堂車」、しかも東京から「大阪行」に乗車したとすれば、六時間もの長い時間を過ごす列車の食堂車で、息子を模《かたど》った人形に食事を食べさせるという妻の行為がどれほど重いことなのか、どれほど哀しいことなのか、それは皆様が一人一人考えてください。唯一の答えはありません。

（4）「牝獅子の葬式」――登場する動物が象徴するもの

ラ・フォンテーヌの寓話「牝獅子の葬式」を用いて、この寓話に登場する動物たちが何を象徴しているのか、何を意味するのかを考えてみましょう。

牝獅子の葬式

ジャン・ド・ラ・フォンテーヌ（市原豊太訳）

獅子王の妃《きさき》が崩御。
すぐさま皆がかけつけた、
君主に對し、ある慰めの
言葉をのべる義務を果しに、
これは悲しみの追加だが。
王は國中に布令を出し、
葬禮はしかじかの日、

しかじかの場所に執行と知らせ、將士らは
　式典をととのへるため、また
参列の者を並べるために集まれと。
誰もがそこへ行つたのは當然のこと。
王さまは誰憚《はばか》らず泣き叫び、
洞穴はことごとくとよみ響いた、
獅子王にはこの他《ほか》の宮殿はない。
王にならつて、廷臣諸卿も、
　それぞれの鳴聲で唸るのが聞えた。
宮廷は、人々が、あるひは悲しくあるひは陽氣に、
どんなにもなれる構へで、何事にも無関心、
ただ君の氣に入るやうになり、もしさうなれずとも、
　少くもさう見せようとつとめる所。
君主にしたがふカメレオン族、また猿の族、
さながらある精氣が千の禮を動かすやうに、
人間が単純な機械になるのは正にこの場所。
　それはさて置き、話に戻れば、
鹿が涙をこぼさなかつた。どうしてそれが出来ようぞ、
この死は彼には復讐だつた、王妃はかつて

彼の女房と息子とを殺したからだ。
　要するに、鹿は少しも泣かなかつた。
ある追従者《もの》はこれをいひつけ、
　鹿が笑ふのを見たと言ひ張る。
國王の怒りこそ、サロモンも言ふ如く
恐ろしいもの、ことに獅子王の怒りと來ては、
しかしこの鹿は本を讀む習慣《ならひ》がなかつた。
獅子王は彼に向かつて、「しがない林のうろつき者奴《め》、
その方は笑つたな、悲しみの聲に従ひをらぬな、
予はその方の卑しい手足に
　神聖な爪をかけはせぬ、來い、狼ら、
妃《ひ》の宮の讐《あだ》をうて、皆のもの、妃の宮の
　尊い魂魄《みたま》にこの不忠者奴を牲《いけにへ》にせい。」
鹿はこの時答へるやう、「陛下、泣くべき時は
過ぎました。悲しみは今あらずもがなでございます。
陛下の貴い御妃《きさき》さまは、花の間に横たはられて、
　ついそこの近い處でお現れになりました。
　私はすぐお妃さまとわかりました。
『友よ、』と妃の宮は仰せごと、『妾《わたし》が天へ行くときに、

葬列を見て、かまへて涙は流さぬやうに。
天國に昇つた者の間で妾は楽しみを味ひました、
妾のように聖者になつた人々とお話をして。
しばらくは王さまのお歎きをそのままにしてお置き。
妾はそれをよろこんでゐますから。』」
一同は叫び出す、「お丶、奇蹟！　御妃は神になられた！」
罪されるどころではなく、鹿は御褒美。

　王様方を夢の話でたのしませたまへ。
御機嫌をとりたまへ、愉しい嘘で報いたまへ。
御心がどんな怒りで満たされてゐようとも、
王様は餌を呑み込まれよう、君たちは友になられる。

（『ラ・フォンテーヌ寓話』一八〇～一八一頁所収、白水社）

「牝獅子の葬式」は、ラ・フォンテーヌの寓話です。寓話とは、「教訓または風刺を含めたたとえ話」で「動物などを擬人化したものが多い」（『広辞苑』）物語です。ラ・フォンテーヌの寓話に登場するのも大半が擬人化された動物です。とすると寓話を読解する場合は、登場する動物たちに一般的にどのような意味が付されているのかを前提にして内容を考えなければなりません。

フランスの総合リセの八年生のクラスで、「牝獅子の葬式」が分析の教材として取り上げられていたことを、私はすでに第一章で説明しました。この授業の中では、登場する動物たちの象徴的な意味が説明され、この意味を前提にして生徒たちに動物たちの役割について考えさせていました。ラ・フォンテーヌの寓話を日本語で読む場合も、やはりこの動物たちの象徴的な意味をきちんと知らないと、寓話を読み解くことはできません。西洋のテクストを読解するためには、語源辞典を調べるのが有効です。インターネットが発達した現在では、オンラインで語源を調べることが可能です（Online Etymology Dictionary, http://www.etymonline.com/）。

「牝獅子の葬式」には、ライオン、カメレオン、猿、鹿の四種類の動物が登場します。一匹ずつそれぞれの動物の意味と役割を考えてみましょう。

・「ライオン」
ライオンは語源辞典によるまでもなく、百獣の王と呼ばれています。しかし辞典を引くとさらに深い意味に行き着きます。ライオンは一三世紀頃から、肯定的な意味では「非常に勇敢な人物」を意味し、否定的な意味では「暴君的リーダー」「貪欲にむさぼり食う人」を意味します。この「牝獅子の葬式」においては、ライオンはどちらの意味で登場するのでしょうか。鹿とのからみで、「王妃はかつて／彼の女房と息子とを殺したからだ」(26〜27) との記述があることから、この場合のライオンは否定的な意味を表現しているようです。

・「カメレオン」

カメレオンは語源辞典によると、フランス語では caméléon、ラテン語では chamaeleon、ギリシア語では khamaileon との説明があり、この khamai が「地面の上」「地上・地球」を意味し、leon はライオンを意味します。そして比喩的に「変わりやすい人物」を表わします。「君主にしたがふカメレオン族」(21) と書かれているように、カメレオンは獅子王に服従していますが、君主に従う者としてなぜカメレオンがわざわざ登場するのでしょうか。カメレオンは、周囲に合わせて色を変化させることができるという特性を持ちます。ここから「変わりやすい人物」という比喩が登場します。つまりカメレオンは、君主に合わせていくらでも色を変え、立場を変えて付き従うことができるわけです。宮廷については次のような記述があります。「宮廷は、人々が、あるひは悲しくあるひは陽氣に、／どんなにもなれる構へで、何事にも無関心、／ただ君の氣に入るやうになり、もしさうなれずとも、／少くもさう見せようとつとめる所」(17〜20)。この記述から考えても、周囲に合わせて色を変えられるカメレオンは臣下としてうってつけの人材なのです。また、名前の中に「ライオン」を意味する「レオン」が含まれていますが、その「ライオン」の前に「地面」が付きます。ここから地面の上でライオンにはいつくばる人物と解釈することも可能です。

・「猿」

猿族もカメレオン族と一緒になって、ライオンに媚《こ》びへつらっています。「君主にしたがふカメレオン族、また猿の族」(21)からそれは明確です。猿は「猿まね」と言われるように、真似るのが上手な動物です。単純な機械のように、人の動作を真似るのが猿の得意技です。宮廷では、「人間が単純な機械になるのは正にこの場所」(23)とあるように、とにかく自分の頭でものを考えずに、うまくやっている人物の行動を上手に真似るのが一番です。

・「鹿」

鹿は語源辞典によると、一般的に動物〈野生動物〉を意味します。変わり身の早いカメレオン、真似るのが得意な猿とは異なり、鹿は牝獅子の葬式で涙を流すことができず、危うく命を落としそうになります。この鹿が象徴するのは上手に追従《ついしょう》のできない他の動物たちでしょう。

右のように、寓話に登場する動物などは、さまざまな意味を比喩的に象徴しています。登場する動物や物がそれぞれ何を表現しているのかを、語源辞典などにあたりながら一つ一つ解明してみると、ただ単に動物の名前を追って読んでいたときにはわからなかったさまざまな読み方があることに気づかされます。例えば、この「牝獅子の葬式」に関しては、「獅子」と「猿」についてはわざわざ語源辞典を引くまでもなく、おおよその意味するところを察することができます。また、「カメレオン」についても、体の色が周囲に合わせて変化するという生理的な特徴から「変わり身が早い」という比喩を引き出すことはできるでしょう。しかし、それ以上については語源辞典を引いてみて初めて明らかになるのではないでしょうか。また、「鹿」の意味についてはいかがでしょう。語源辞典を引かない限り、鹿の意味を「野生動物」とは考えないのではないでしょうか。多くの寓話には動物が擬人化されて登場します。短い寓話に人間を登場させると、その人物の特徴や容貌、役割などにかなりの字数を割いて描写する必要が出てきますが、共通の解釈が成り立っている動物を擬人化して用いれば、詳しく描写しなくても、その動物を登場させるだけで読者におおよその人物像を抱かせることができるのです。

もう一つ、追従の巧みなカメレオンと猿には、その生活の在り方に共通性があります。どちらも樹上生活をしているため、草原で大型動物を補食するライオンとは本来関わり合いがありません。樹上生活をするカメレオンや猿は、木登りをしないライオンの餌食になる可能性がないのです。一方、鹿が象徴するウシ科の哺乳類の一群は、アフリカ・アジアなどの草原や砂漠に住み、生活の場をライオンと同じくするためしばしばライオンの補食の対象となり得ます。この詩にも、亡くなったライオンの王妃は「彼の女房と息子とを殺した」と書かれています。一方、カメレオンや猿の近親者がライオンに殺されたという記述はありません。カメレオンと猿、そして鹿の生活様式の在り方についても考えてみると、詩がさらに面白く読み解けませんか。

(5)「静かな家」——視点を読む

テクストにおいて視点は大変重要です。どの視点で書かれているかによって、そのテクストにおける物の見方が決定するからです。『静かな家』を用いて、語り手の視点を中心に語り手の人柄について検討し、さらに語り手の行動を批判的に考察してみましょう。またここでは、日本語独特の主語と文体の多様性によって、語り手のイメージが変容することについても考えてみます。

静かな家

マリー・ルイーゼ・カシュニッツ（三森ゆりか訳）

（a）

静かな家だと、あなたはおっしゃるんですか？　そうですね、今は静かな家ですよ。でも、ほんの少し前までは地獄だったんです。あたしたちの上下には、小さな子どものいる家族がいるんです。考えても見て下さいよ。吠え声と叫び声、絶え間ない争い、腹を立てた小さな足が床を踏み鳴らしたり、不満そうにすり鳴らしたりする音。最初はあたしたちも、床や天井をほうきの柄でつついたりしていただけだったんです。でも、それがぜんぜん役に立たないと分かると、主人が電話をしたんです。そう。申し訳ありません。両親はそう言いましたよ。子どもに歯が生えかけていてとか、双子がちょうど歩き始めたところでとか。もちろんあたしたちはそんな言い訳には満足しませんでしたよ。主人は、家主に苦情を言いました。毎週一回。それで我慢の限界。家主は上の人たちと下の人たちに手紙を書いたんです。そして、即刻解約すると脅したんです。

その後すぐにずっと良くなったんですよ。ここの住まいはあまり高くないんです。それにこの若い夫婦たちは引っ越しのためのお金をぜんぜん持っていないんです。どうやってあの人たちが子どもたちを黙らせたのかですって？　そうですね。はっきりとはあたしも知りません。あの人たち、子どもたちをベッドの脚にくくりつけたんじゃないかとあたしは思うわ。子どもたちがはうことしかできないようにね。そうすればあまり騒音を立てずに済みますから。恐らく子どもたちは強い鎮静剤を与えられているんだわ。あの子たちは、叫んだり歓声を上げたりしなくなりましたから。その代わりに、ぶつぶつと独り言を言うだけ。寝ている時みたいに。今ではあたしたちもまた両親に挨拶をするようになったんですよ。階段で会ったときにね。そのうえあたしたちは、子どもたちは元気ですか、と尋ねたりもするんです。元気です、と両親は言いますよ。どうしてその時あの人たちが目に涙をためるのか、あたしには分かりませんけど。

（b）

静かな家だと、あなたはおっしゃるの？　ええ、今は静かな家です。でも、ほんの少し前までは地獄だったのですよ。私たちの上下には、小さな子どものいる家族がいますの。考えても見てください。吠え声と叫び声、絶え間ない争い、腹を立てた小さな足が床を踏み鳴らしたり、不満そうにすり鳴らしたりする音。最初は私たちも、床や天井をほうきの柄でつついたりしていただけだったのですよ。でも、それがぜんぜん役に立たないと分かると、主人が電話をしましたの。ええ、申し訳ありません。ご両親はそう言っていましたよ。子どもに歯が生えかけていてとか、双子がちょうど歩き始めたところでとか。もちろん私たちはそんな言い訳には満足しませんでした。主人は、家主に苦情を言いましたの。毎週一回。それで我慢の限界。家主は上の人たちと下の人たちに手紙を書きました。そして、即刻解約すると脅しましたの。

その後すぐにずっと良くなりましたよ。ここの住まいはあまり高くありませんの。それにこの若いご夫婦たちはお引っ越しのためのお金をぜんぜん持っていないのですよ。どうやってあの人たちが子どもたちを黙らせたのかですって？　そうね。はっきりとは私も知りませんの。あの人たち、子どもたちをベッドの脚にくくりつけたのではないかと私は思いますよ。子どもたちがはうことしかできないようにね。そうすればあまり騒音を立てずに済みますから。恐らく子どもたちは強い鎮静剤を与えられているのだわ。あの子たちは、叫んだり歓声を上げたりしなくなりましたもの。その代わりに、ぶつぶつと独り言を言うだけ。寝ている時みたいにね。今では私たちもまたご両親にご挨拶をするようになりましたよ。階段でお会いしたときにね。そのうえ私たちは、お子さんたちはいかが、と尋ねたりもしますよ。元気です、とご両親は言いますわ。どうしてその時あの人たちが目に涙をためるのか、私には分かりませんけれどもね。

(Marie Luise Kaschnitz, Ein ruhiges Haus, Steht noch dahin, © Suhrkamp Verlag, Frankfurt am Main 1970.)

①翻訳における主語と文体、語り口

一人称で書かれた小説の場合、翻訳における語り手の言葉の選び方がとりわけ大きな影響を内容に与えます。日本語にはご存じのように、主語の種類がいくつもあり、文体や語り口もまた多様です。ある人物の所属する社会や身分、性別や年齢などにより、主語や文体、語り口は多様に変化しますし、一人の人物でさえ、場所によってそれらを使い分けたりします。ここでは、『静かな家』の文体を試しに変えてみました。aとbのテクストでは、読者として読んだときに、語り手の女性に対して抱く印象は全く同じでしょうか。異なるでしょうか。主語と文体を変えただけで、内容は全く同じテクストであるにもかかわらず、読んだときに語り手に対して抱く印象には隔たりがありませんか?

このテクストは元々ドイツ語で書かれています。ドイツ語では、一人称の単数を表わす主語は〈ich〉のみ。〈ich〉は〈ich〉でしかなく、老若男女を問わず、自分を指す人称代名詞は〈ich〉です。また、文末の表現方法も一定で、「~ですのよ」になったり「~なのよ」になったり「~なんだ」になったり「~なんだぜ」になったりすることはありません。そのため、ドイツ語で読むとき、語り手がどのような調子で語るのだろうということは、描写された人物の雰囲気から読者自身が推し測ることになります。ところが日本語に翻訳されたとたん、主語は「私・僕・俺・儂《わし》・あたし」など、多くの人称代名詞によって表現され、それに伴い文体や語り口もさまざまに使い分けられます。日本語でテクストの分析をする際に注意しなければならないのは、実はこの点です。〈ich〉に、「私」や「あたし」を当てたのは翻訳者です。また、「～なのですよ」「～なんです」「～なの」という表現方法を選択したのも翻訳者です。つまり、言語をドイツ語から日本語に移行する段階で、すでに訳者の語り手に対する解釈が翻訳に大きな影響を与え、語り手を色づけしてしまっているのです。『静かな家』について言えば、原書で読むと、「私の主人」という単語が登場するまで、語り手の性別さえ分かりません。つまり、ドイツ語の場合、「私の主人」という言葉が登場するまで、読者は語り手の性別すら自分で想像しなければならないわけです。

分析をしようとするテクストが、一人称の視点で書かれており、さらにそれが欧米の言語からの翻訳である場合、翻訳者の解釈によって与えられた人称代名詞や文体に惑わされず、自分自身で語り手がどのような人物かをじっくりと考えてみましょう。内容と語り口に違和感を覚えた場合は、可能であれば原書を確認すること、それができなくても、自分で主語や文体や語り口を変えてみて、そこに描かれている人物にその語り口がふさわしいかどうか、自分自身で検討してみることも重要です。ちなみにテクストａは、三～四〇代の女性の言葉を意識して翻訳してみました。やや早口で断定的にものをいうような女性をイメージしてみました。主語は意識的に「あたし」にしてみました。むろん「私」でも構いません。ｂはもう少し年配の女性の言葉を意識して翻訳してみました。

ややゆったりした、少し気取った調子の語り口を与えてみました。この語り手の女性に本当はどのような語り口がふさわしいのかについては、テクストを分析した結果、あなた自身が考えてみてください。

②語り手と話し相手はどのような関係にあるのか？

語り手の女性はいったい誰に向かって語っているのでしょうか。日本語になるとはっきりしませんが、原文では、「あなた」には〈Sie〉という人称代名詞が使われ、女性は相手に対して敬語を用いて話をしています。ドイツ語には、このほかに親しい間柄などを示す人称代名詞〈du〉があります。ここから、女性の話し相手が親しい間柄の相手ではなく、いくらか距離のある相手であることが分かります。そのため、翻訳はa、bどちらも「ですます調」で訳してあります。ただし、親称である〈du〉を用いてはいないものの、語り手の女性は話し相手を室内に通しています。このことは「静かな家だと、あなたはおっしゃるの？」（1）と語り手が言っていることから明らかです。語り手が「～おっしゃるの？」と訊ねていることから、先に「静かですね」と言ったのは話し相手であることは明白です。ここから、二人が語り手のアパートの室内で話し合っていると考えることができます。ただし、語り手の女性が、静かなのは「今」のことで、「ほんの少し前」まではうるさかった、と述べていることから、話し相手が語り手の女性の家の中に通されたのは初めてのことだと判断できます。二人が最終的にどのような間柄なのかはテクストからは判断することはできません。しかし、少なくとも敬語で話し合う間柄であるということ、語り手の家の室内で話し合っているということは明らかです。そして、初めて室内に招き入れ、敬語で対応しているにもかかわらず、相当に個人的な内容の話をするという相手でもあります。語り手の話し相手はいったいどのような人物なのでしょうか？

③視点

小説では必ずどこか、あるいは誰かの立場から状況を説明していきます。視点にはいくつかの種類があることについてはすでに説明しました。ここでは、『静かな家』がどの視点で語られているのか、語り手の視点は内容にどのような影響を与えるのか、などについて考察してみましょう。

語り手の視点は、一人称です。小説は最初から最後まで「私（あたし）」の立場から語られているからです。一人称視点で語られる小説にはどのような特徴があったでしょうか？　一人称視点で語られる小説の特徴は、事件の顚末が語り手の立場で見たこと、考えたこと、感じたこと、体験したことなどに限定されて語られることです。つまり事件は、客観的事実に基づいて語られるわけではなく、語り手自身の物の見方や考え方に色づけされ、主観的に語られます。

それでは、『静かな家』において、語り手の視点が一人称であることは、内容にどのような影響を与えているのでしょうか。語り手が一人称であるということは、すでに述べたように、語られている内容は語り手自身の見聞きした範囲、考えた範囲、感じた範囲に限定されるということです。つまり、語られる内容がすべて事実かどうかは疑わしく、信憑性に問題のある部分が存在するはずですから、読者は語り手に引きずり込まれずに距離を置いて、冷静に客観的に内容を分析する必要があります。

『静かな家』において、はっきりと「事実」だと言えそうな部分はどこでしょう。語り手がアパートの二階以上最上階以下に住んでいること。これは、語り手が「私たちの上下には、小さな子どものいる家族がいます」(2)と言っていることから明らかです。また、この部分を事実としない限り、この物語の中核に置かれている事件の発生条件も揃わないでしょう。また、語り手自身が実際にとった行動も「事実」だと言えるのではないでしょうか。「床や天井をほうきの柄でつついた」(4)、「主人が電話をしました」(5)、「家主に苦情を言いました」(7~8)などの説明は、聞き手によっては語り手の人間性に疑問を持ちかねない内容だからです。語り手自身に必ずしも有利に働かない可能性のあることがらを説明していることから、逆にこの部分は事実ではないかと考えられます。また、上下階の夫婦の言い分も、その内容自体が事実かどうかは別として、彼らはおそらく語り手が述べているような答え方をしたのでしょう。なぜなら、「子どもに歯が生えかけていてとか、双子がちょうど歩き始めたところでとか」(6~7)と、妙に具体的だからです。しかし、それ以外の部分になると、頭から信用してもよいのかどうかが怪しくなります。断定的に語られている部分については、本当かどうかは読者には分かりません。主観的立場で語る語り手からしか情報を得られないため、客観的な状況が不明だからです。ただし、「そうね。はっきりとは私も知りませんの。……」(12)以降は、「〜思います」(13)、「恐らく」(14)という表現があることから、語り手の推測であることが示されています。

今度は逆に、明らかに事実かどうかに疑いのある部分はどこでしょうか。まず、「地獄」(2)という表現。これは、語り手自身の感想であり、事実かどうかは読者には不明です。読者は、語られる内容が「地獄」を表現していると受け止めるのではなく、語り手が「地獄」と感じている状況はなんなのか、という読み方をする必要があります。語り手は、上下階に住む幼い子どものたてる騒音を「地獄」と表現しています。しかし、この幼い子どものたてる音も本当に騒音なのか、わずかな音を騒音と感じているのか、はっきりしたところは読者には分かりません。これは私自身の経験ですが、独身時代、東京で鉄筋コンクリートのアパート（一応マンションと呼ばれる程度の建物でした）に住んでいたときには、上階に住む子どもの足音がひどく気になったものです。そして音は一度気になり出すと、なかなか思考の外に追い出すことができませんでした。しかし、自分に子どもができ、子どもの世話をしながら慌ただしく一日を過ごしていたときには、同じように鉄筋コンクリートのアパートに住んでいても、上階に住む子どもの足音はあまり気になりませんでした。一階に人が住んでいなかったのは、私にとっては幸いでした。私の経験からこの語り手の置かれている状況を推し測ることは危険ですが、ただ、足音を「地獄」と感じるかどうかは、感じる側の心の有り様や状況が大きく影響を与えるのではないでしょうか。

以上のように検討していくと、一人称で語られた物語には、多くの疑わしい点、批判的に検討しなければならない点が存在することが明らかになりはしないでしょうか。一人称の物語は、客観的事実と語り手の主観が一緒くたに容器の中に投げ込まれ、十分にこねられてオーブンの中でじっくりと焼かれてできあがったケーキのようなものです。ここから読者は注意深く客観と主観をより分けて検討し、いったい本当のところ何が混ざっているのかをよく吟味しないと、ケーキを存分に味わうことはできないことになるのです。

④語り手はどのような人物なのか?

語り手である女性は、果たしてどのような人物なのでしょう。この女性には夫がいます。「主人」という言葉があるのでこれは明らかです。「あまり高く」(10)ないアパートに住んでいます。ここからこの夫婦の経済状態はさほど良好ではないと言えるでしょう。年齢はどのくらいなのでしょうか。これには具体的な記述がありません。しかし、どうやら一日中家にいるようです。なぜなら子どものたてる騒音に長い時間にわたって悩まされている様子だからです。子どもは夜になれば眠ります。もし女性が日中仕事をしていて夜しか家にいないとしたら、子どものたてる音を聞く時間はかなり限られたことでしょう。「絶え間ない争い」（３）などと表現されているところから考えると、女性は一日中家にいると考えるのが妥当ではないでしょうか。また、上下階に住む夫婦を「若い夫婦たち」（10～11）と言っているところから、語り手自身は少なくとも夫婦たちよりは年齢が高いと言えるのではないでしょうか。さらにこの女性には子どもがいるのでしょうか。これにも具体的な記述はありません。しかし、ここまで子どもを敵視し、「強い鎮静剤を与えられている」（14～15）などと平然と話しているところから常識的に判断すると、この女性には子どもがいないか、あるいはいたとしてもとっくに成人していると考えるのが自然ではないでしょうか。

最後にこの女性はどのような性格なのでしょうか。かなり執拗な性格の持ち主であるとは言えないでしょうか。なぜなら、家主が「我慢の限界」（８）に達するまで、毎週一回主人が家主に電話をすることを黙認しているからです。この家主への電話が主人だけの意志とは考えられません。「私たちはそんな言い訳には満足しませんでした」（７）と直前に書かれており、少なくとも主人が毎週一回電話をすることを女性は知っているからです。家主への主人の電話はもしかしたら女性の意志かもしれませんが、このことをはっきり断定するだけの情報はありません。ただ、これだけ得々と改まった言葉で話す相手に自分たちがしたことを語って聞かせているところから判断して、女性自身が週一回家主に主人が電話をすることを奨励していた、あるいは強いていたと考えることもできるでしょう。また、子どもに対して優しい気持ちを持っていない人物であることは明らかです。「恐らく子どもたちは強い鎮静剤を与えられているのだわ。……寝ている時みたいにね」（14〜16）と、平然と他人に説明しているからです。また、自分の環境さえ確保できれば、他のことはどうでもよいと考えている、自分勝手な性格の持ち主とも言えるでしょう。そうでなければ、さんざんしつこく文句を言い、家主をして「即刻解約すると脅し」（9）、明らかに子どもを静かにさせるために何らかの対応をしたと思われる相手に対して、「お子さんたちはいかが、と尋ねたり」（17〜18）することはしないでしょう。しかもこの女性は、自分の思い通りの環境が確立するまでの間、明らかに若い夫婦を無視していたようです。それは、「今では私たちもまたご両親にご挨拶をするようになりました」（16〜17）と書いてあるからです。そして極めつけが最後の文です。「どうしてその時あの人たちが目に涙をためるのか、私には分かりませんけれどもね」（18〜19）と、改まった言葉でしか接しない相手に向かって平然と話すことのできるこの感覚、これは相当に人間性に問題のあることを示してはいないでしょうか。女性は、自分自身の行為は当然の権利と思い込んでおり、上下の若夫婦の状況には全くの無理解です。無理解どころか、自分の満足のできる環境を確保するまで相手を執拗に攻撃し、相手が追い込まれてやむなく対応策を講じると、それがいかに酷い措置であるのかということを想像しつつも、非情にも自分の冷酷な想像を赤の他人に平然と語って聞かせています。

⑤一人称の物語を批判的に検討することの意義

一人称で書かれた『静かな家』のような超短編小説は、分析をしながら読んだ後、批判的に検討し、社会の一員として生きる自分自身の暮らし方や生き方について省みることに意味があります。

*女性の苦情を若夫婦はどのように受け止めたのか
*若夫婦には別の対応の方法はなかったのか
*家主はなぜ女性とその夫の主張のみを受け入れたのか
*女性と夫には別の行動の仕方がなかったのか
*自分自身が若夫婦の状況に置かれたらどう対応するか
*自分自身が女性の状況に置かれたらどう対応するか
*集合住宅で住人たちが平和に共存するにはどうすべきなのか
*こうした問題が集合住宅で発生した場合、住人はどのように問題を解決すべきなのか、など。

右のように、さまざまな観点から『静かな家』に内包された問題点について考え、社会で生きるための知恵に生かしていくことにこそ、小説を分析し、批判的に検討することの意味があるのです。

(6)「サンサルバドル」——内容の分析

最後は、内容全体について分析をしてみましょう。主な登場人物はどのような人物なのか、その人物が何をし、何を考えているのか、もう一人の登場人物である妻との関係はどのようなものなのか、それらを作家ビクセルの文体はどのように表現しているのか。そうしたことが『サンサルバドル』というテクストを用いて分析を試みる目的です。

ビクセルは、ドイツの中学・高校で、最も頻繁に分析の対象として取り上げられるスイスの超短編小説の名手です。その意味するところは一読するだけではなかなか捉えられず、分析すればするほど深い意味が立ち上がってきます。

サンサルバドル

ペーター・ビクセル(三森ゆりか訳)

彼は、一本の万年筆を買っていた。

彼のサイン、彼のイニシャル、彼の住所、数本の波線、それから彼の両親の住所を一枚の紙の上に何度か走り書きしてみたあと、彼はもう一枚新しい紙を取り、慎重に折って、そして書いた。「僕にはここは寒すぎる」、それから「僕は南アメリカへ行く」、それから彼は中断し、キャップを万年筆に被《かぶ》せて回し、紙を眺めて、インクが乾き、そして黒っぽい色になっていくさまを見〔文房具店では、それは黒くなると保証されていた〕、それからまた彼は改めて万年筆を手に取り、さらに彼の名前であるパウルとその下に書いた。

それから彼はそこに座りつづけた。

しばらくして彼は新聞をテーブルの上から片付け、その際に映画のプログラムにさっと目を走らせ、ぼんやりと何かを考え、灰皿を脇へ押しやり、波線を書いた紙を破り捨て、万年筆のインクを空にし、そして再び一杯にした。映画の上映時間にはもう遅すぎた。

教会のコーラスのリハーサルは九時までかかり、九時半にはヒルデガルドは帰宅するはずだった。彼はヒルデガルドを待っていた。ラジオからはずっと音楽が流れていた。今彼はラジオを消した。

テーブルの上に、ちょうどテーブルの上の中央に、今や折られた紙が置かれており、その上には暗い藍色の文字で彼の名前がパウルと書いてあった。

「僕にはここは寒すぎる」ともその上には書いてあった。

そろそろヒルデガルドが帰宅するはずだった。九時半には。

今は九時だった。彼女はきっと彼の通知を読み、驚き、南アメリカについては恐らく信じないもののの、それでも洋服ダンスの中のシャツの数を数え、何かが起こったらしいと考えるだろう。彼女は「ライオン」に電話をするだろう。

「ライオン」は、水曜日は定休日だ。

彼女はうっすらと笑みを浮かべ、そして絶望し、そしてそれを受け入れるだろう、多分。

彼女は何度も髪の毛を顔からかき上げる、左手の薬指でこめかみから脇へ滑らせるように、それからゆっくりとコートのボタンをはずすだろう。

それから彼はそこに座ったまま、誰に手紙を書けるだろうかとじっと考え、万年筆の使用説明書をもう一度読み——ちょっと右側に回し——フランス語の説明も読み、英語とドイツ語の説明を比較し、再び彼の紙片を見、椰子《やし》の木を思い、ヒルデガルドを思った。

座っていた。

そして九時半にヒルデガルドは戻り、そして訊《たず》ねた。「子どもたちは眠っている?」

彼女は髪の毛を顔からかき上げた。

(Peter Bichsel, San Salvador, Eigentlich möchte Frau Blum den Milchmann kennenlernen,

『サンサルバドル』は、何とも中途半端な超短編小説で、何となく読んだだけでは、「つまらない」と思われる方もいるかもしれません。でも、何を言いたいのか一読しただけでは分からないからこそ、分析する価値のある作品であると言えるでしょう。『サンサルバドル』については、その小説の持つメッセージを読み取るために、いろいろな角度から考察してみます。もう一度確認しましょう。ここに示したものは私個人の読解の結果にすぎません。私の読み方はあくまでも参考にし、読者の皆様がご自身の生活や経験を反映させながら、自由に解釈してください。ただし、なぜそう解釈するのかを必ず文章に基づいて論証できるよう心がけてください。すでに述べたように、「テクストの分析と解釈・批判」では、自分の解釈の根拠を文章に依って論理的に提示できることが非常に大切だからです。

①文体にはどのような特徴があるか？

ビクセルの文章のスタイルにおいて特徴的なことはなんでしょう。『サンサルバドル』には次のような文体上の特徴が見られます。

a　文が長々と読点で続き、句点が少ない
b　同じ言葉の繰り返しが多い（「それから」）
c　改行が多く、隙間が多い

さて、このような文章の書き方から読者はどのような印象を受け取るでしょうか。ビクセルがこのような文体を用いて彼の超短編小説を書いた理由を探りながら、一つずつ考えてみましょう。

a　文が長々と読点で続き、句点が少ない

翻訳をするにあたって、私が最大限注意を払ったのは、読点をできる限りそのまま残すことでした。そして事実、読点と句点は原文の通りに置いてあります。私がなぜ読点に注意を払ったかと言えば、読点の多さ、句点の少なさが、この超短編小説の一つの重要な分析点だと考えたからです。小中学生の頃に学校で作文を書いたとき、「ダラダラした文にならないように」と注意された記憶があなたにはありませんか？　もしあるとしたら、その「ダラダラ文」とは、どのようなものを指したかあなたは記憶していますか？「ダラダラ文」と言われるのは、一般に読点や「そして」などの言葉でタラタラと繋がれた文を指します。「昨日僕は学校から帰った後、手を洗った後におやつを食べて、それから友達と学校の校庭で夕方まで遊んで、それから家に帰って宿題をして、そしてご飯を食べた後に映画を見て、そして寝ました」。

この拙い作文と、ビクセルの読点で繋がれたテクストにはなんだか奇妙な類似性がありませんか？　どちらも、時間がゆっくりと、それこそタラタラと過ぎていくような印象をあなたは受けないでしょうか。学校では「ダラダラ文」に対して、「句点を多くして、もう少し歯切れのよい文章にしましょう」とか「きびきびした印象の文章にしましょう」などと指導をしますが、読点で繋がれた文は、ノロノロと時間が進むのが遅いような印象を読む人に与えるのです。ところで、ビクセルの作品をいくつも読んでみると、すべての作品に読点が多用されているわけではなく、もっと句点の多い作品もあります。読点の多い作品に共通しているのは、「時間が遅々として進まない状況」を表現していることで、ビクセルにはこのような時間を扱った作品が少なくないようです。

では、文を読点で繋ぐと、どうして遅々として時間が進まないような印象を読者に与えるのでしょうか。これは目で文を追うよりも、声を出して読んでみると理解しやすくなります。音読する場合、読点が打たれた箇所は長く間を置かず、必要に応じて息継ぎなどをする程度でそのまま読み進めます。いつまでも切れることなく文は続き、読む方も聞いている方も飽きてきます。ところが句点のあるところでは、いったん言葉をはっきりと切り、息継ぎをして、次の新たな文を読み始めるための準備をします。そのためいったんそこで時間が止まり、新たな時間が始まるような印象を、読み手にも聞き手にも与えるのです。『サンサルバドル』では、この読点が、まさに時の進まない退屈な状況に置き去りにされた主人公の状況を表わしているのではないでしょうか。

b　同じ言葉の繰り返しが多い

『サンサルバドル』で目を引くのが、「それから（dann）」という言葉の繰り返しです。繰り返される言葉には意味があるため、翻訳でもわざとすべて同じ言葉で訳出しました。とりわけ第二段落まで（しかも第二段落と第三段落の間には、わざわざ一行分の空間を設けてあります）の間に、「それから」が五回も使われています。ビクセルはなぜ、同じ言葉を立て続けに五回も使ったのでしょう。子どもがこのような作文を書いたら、「『それから』の代わりに、『そして、その後、続いて、さらに』など、別の表現を使って、単調にならないように気をつけましょう」と指導されるところです。作家であるビクセルがそのようなことを知らないわけがありませんから、「それから」の繰り返しは、明らかに単調で退屈な状況の表現を狙ったものでしょう。

c　改行が多く、隙間が多い

『サンサルバドル』は、改行が多く、隙間の多い文章で、すでに述べたように、第二段落と第三段落の間は丸々一行分が空間となっています。これは何を意味するのでしょうか。

改行が多いこと、つまり段落が多いことについては、少し説明を加える必要があります。ヨーロッパでは一般に、作文の指導を徹底して行ないますので、段落がどのように作られるべきかということもきちんと教えます。段落は、思いつきや感覚で変えるものではなく、内容が変わったところで変えるものなのです。小説においても段落の機能は同じです。それならなぜビクセルの小説には改行が多いのでしょうか。それは、段落の一つ一つに意味を持たせているからです。ビクセルは自分の趣味で次から次へと改行しているわけではなく、改行によって、つまり新しい段落を作ることによって、何かを表現しようとしているのです。さて、そうであるとすると、『サンサルバドル』では、改行をして新たな段落を作ること、そしてその改行によって文字のない部分を生み出すことはいったい何を意味しているのでしょうか。じっくりテクストを眺めてみると（文字通り眺めてください）、改行されるたびにわずかながら時間が進んでいるような感覚が生じませんか。そして、改行によって生まれる文字のない空白の部分は、主人公が時間をもてあまし、無為に過ごす「間」であると思われませんか。なぜなら、文字の書いてあるところでは彼は少なくとも何かを考えたり、何かをしたりしているからです。

②登場するのはどのような人物か。どのような関係か。
『サンサルバドル』には、男と女、そして子どもたちが登場します。ここでは人物について分析してみましょう。

a

男の名前はパウルと言います。男にはヒルデガルドという妻がいます。また「子どもたち」(30)と妻が言っていることから、少なくとも二人以上の子どもがいる父親です。男は年齢不詳ですが、それほど年をとってはいないでしょう。なぜなら、九時前に就寝する子どもたちがいるからです。時間については、「今は九時だった」(19)から明らかです。この時点で男はくつろいでテーブルの前に座り、万年筆をいじくり回しています。子どもを追いかけ回している様子や、子どもが起きている様子は全く見られません。つまり、子どもは九時前にはおとなしく眠っていることを意味します。また、子どもたちは今日に限って九時前に眠ったわけでもなさそうです。なぜなら、妻が九時半に帰宅し、当然のように「子どもたちは眠っている?」(30)と尋ねているからです。ここから男は、幼い子どもを持った、若い父親であると考えられます。

男の職業については不明ですが、教養のある人物であることは確かです。なぜなら、「フランス語の説明も読み、英語とドイツ語の説明を比較し」(27~28)と書かれているからです。つまり男は、ドイツ語の他に英語とフランス語を解することになります。また、ある程度の教養ある職業、文字を書く必要のある職業に就いていない限り、万年筆は購入しないのではないでしょうか。

b

女の名前はヒルデガルドと言います。夫と二人以上の子どもがいます。毎週水曜日の夜には教会でコーラス隊に参加しています。水曜日であることは、「水曜日は定休日だ」(22)の記述から判断できます。教会でコーラスに参加していることから、クリスチャンであると言えるでしょう。前髪が長く、顔から髪をかき上げる仕草を頻繁にします。これは、「彼女は何度も髪の毛を顔からかき上げる」（24）の記述から分かります。彼女の年齢も不詳ですが、幼い子どもがいることから、まだ若い女性であると考えるのが常識的でしょう。

c

彼らはどのような関係にあるのでしょうか。夫婦であることは明らかですが、その夫婦関係はどのような状態なのでしょうか。この超短編小説を読んで、夫婦関係が極めて円満だと感じる読者はおそらくいないのではないでしょうか。どのように読んでも円満を証明できる記述がないからです。けれども離婚寸前というような状況でもなさそうです。なぜなら、「彼はヒルデガルドを待っていた」（14）と書かれており、とりあえず夫は妻の帰りを待っている様子だからです。しかし少なくとも夫は妻に対し、相当に煮詰まっているようです。夫の所在のなさそうな行為、「僕は南アメリカへ行く」（4）と買ったばかりの万年筆で書く夫、そして「僕にはここは寒すぎる」（17）という言葉。この「寒すぎる」は、おそらく単に夫の住む土地の気候的寒さだけを示すのではなく、「ここ」とは彼の家そのもの、家庭そのものを指しているものと思われます。そして夫は、妻が髪の毛を繰り返しかき上げる行為がひどく気になっている様子で、そのことは二度も書かれているうえ、最後の文がこの妻の髪の毛で締めくくられています。そのため読者にはこの文がひどく印象に残ります。彼女が「何度も髪の毛を顔からかき上げる」(24)のは、前髪が長く、髪の毛が顔に被さるからでしょう。そして、夫は明らかに妻の髪型を好ましく思っていません。「子どもたちは眠っている?」と、留守番をした夫の労をねぎらいもせずに髪の毛をかき上げる妻に対し、嫌悪感すら抱いているようです。一方、帰宅後開口一番子どもが眠ったかどうかを夫に尋ねている妻は夫がどこかへ行きたいと考えていたとは夢にも考えていないようです。夫が何を求めて南アメリカに行きたいと考えているのかについては、題名と絡めて考えましょう。

ところで、夫婦関係については「さほど円満ではなく、夫が二人の関係に煮詰まっている」ことを前提にして分析してみましたが、別の解釈も成り立つかもしれません。夫は、「椰子の木を思い」、その後に「ヒルデガルドを思っ」ています。つまり夫の思いは、サンサルバドルから妻の元へと戻ってきています。そのように捉えると、妻がいつも通り「子どもたちは眠っている?」と訊ね、「髪の毛を顔からかき上げ」る動作は、夫婦がこれまで築き上げてきた信頼関係を表現しているのかもしれません。夫の予測どおり、妻はいつもの癖で髪の毛をかき上げ、夫は妻のそのような癖まで知っていることを最後に示して、物語が終わる、というわけです。

③夫は何をしているのか。どのような気分なのか。

夜、夫はおそらく居間のテーブルに向かって腰掛けています。手には買ったばかりの万年筆を持ち、その万年筆で自分の名前を書いたり、行きたい場所を書いたり、インクを出したり入れたりして時間を潰しています。子どもたちはすでに寝静まり、妻はコーラスの練習に出掛けています。夫は妻に代わって眠っている子どもの番をしているのです。妻が夜に出掛けるのは初めてのことではなく、おそらく夫はしばしば子どもの番をしつつ留守番をしているのでしょう。なぜなら妻のコーラスの練習は「リハーサル」(13)とあるので、妻は発表会かコンクールかに出るために、繰り返し練習をしていると考えられるからです。夫は時間をもてあまし、遅々として進まない時間に苛立っています。そのため何度か「九時」「九時半」と時間について言及しています。夫はすることもなく、退屈しきって、サンサルバドルへの逃避を夢想します。「寒すぎる」「ここ」を逃げ出して、暖かい土地へ行きたいと考えます。夫が退屈しきっているのは、万年筆の書き心地を何度も試してみたり、インクを出したり入れたりしていることからも明らかです。

④題名の『サンサルバドル』は何を意味するのか?

サンサルバドルはご存じのように、中米エルサルバドルの首都です。治安が悪く観光には適さない土地のようですが、夫はその地への旅立ちを夢想しています。このサンサルバドルという名は、スペイン語で「聖なる救済者」を意味します。Salvador は、英語では Saviour であり、「危機から救済する人物、またはイエス・キリストの呼び名の一つ」を意味します（Online Etymology Dictionary）。

さて、サンサルバドルにそのような意味があるとなると、作家がその地を題名に選択したのは偶然でしょうか。これだけの超短編小説ですので、どこもかしこも相当に計算して組み立てているはずですから、そのような小説の重要な題名が偶然の産物であろう筈がありません。夫が憧憬する土地は「サンサルバドル＝聖なる救済者」。夫はいったい何から救済されたいのでしょう。ここで再び、夫と妻の関係を考える必要が出てきます。この超短編小説の文脈において夫が救済されたいのは、第一に妻の帰りを待つという留守番の退屈からではないでしょうか。しかし、それは表面的な理由にすぎず、本当は頻繁に顔にかかった髪の毛をかき上げる妻の存在そのものから逃げ出したいのかもしれません。夫は「ここ」を、「僕にはここは寒すぎる」(17) と感じています。「ここ」を単純に彼の住んでいる土地と考えると、彼は自分が現在住んでいる土地よりも暖かい中米のサンサルバドルへ行くことを望んでいると捉えることができます。つまり、単純に気候的な寒さからの「救済」と考えることもできます。しかし、「ここ」を彼の住む土地ではなく、彼の家と考えると、彼は自分と妻の関係を「寒すぎる」と感じているのではないでしょうか。「寒すぎる」ということは、愛情が冷えていることを意味します。そして彼は、この夫婦の冷え切った関係からの救済を求めてサンサルバドルへ逃避したいと考えているとも言えないでしょうか。

⑤座っているうちに彼はどのような気分になったのか

夫は小説の中で座り続けています。

＊それから彼はそこに座りつづけた。(8)

＊それから彼はそこに座ったまま、(26)

＊座っていた。(29)

右のように、表現は多少変化しますが、彼がそこに座っていたことは三回にわたって強調されます。つまり、この超短編小説において彼が座っていたこと、座り続けていたことは極めて重要なのです。とりわけ気になるのが、最後の文です。主語と述語で構文されるはずのドイツ語の文であるにもかかわらず、この文には主語がありません。そのうえ、この「座っていた」は、わざわざ段落を変えて書かれ、さらに「そして九時半に……」で始まる次の文が新たな段落として書かれているため、「座っていた」の後には長い空間があります。いったいこれは何を意味するのでしょうか。「彼」が確かに存在して座っていた間は、「彼」は物理的に主語として存在し、文字を書いたり、ものを考えたりしています。ところが主語が消え、「彼」が物理的に存在しなくなると、その後には空白しかありません。これは夫が、もはや考えることもしなくなり、ただ漫然と時をやり過ごす状況にいることを示しているのではないでしょうか。そして九時半にヒルデガルトが戻るとその空白の時は終わり、再び「彼女は髪の毛を顔からかき上げ」(31)るという現実に夫は引き戻されるのです。

⑥「ライオン」とは何を意味するのか？

彼女が電話をする「ライオン」とは何のことでしょう。「水曜日は定休日だ」(22)とあることから、それが店であることは明白です。状況から推し測って、「ライオン」とは、酒場か何かの名前なのではないでしょうか。ところで、作者はなぜよりにもよって「ライオン」という名前を付けたのでしょうか。言うまでもなくライオンは百獣の王です。そしてライオンは、「一三世紀頃より、良い意味では『猛烈に勇敢なもの』、悪い意味では『非道なリーダー、貪欲にむさぼり食う人』」(Online Etymology Dictionary)を意味します。子どもを寝かしつけて妻の帰りを待つ夫に、「ライオン」という店はどのように係わっているのでしょうか。「ライオン」は、夫の憧れを表現しているのではないでしょうか。つまり夫は、百獣の王のライオンのように、勇敢に妻の上に君臨したいと考えているのではないでしょうか。ところが「ライオン」は定休日で、夫は「ライオン」になることもできません。

⑦夫と妻の名前には意味はあるのか?

夫の名前はパウル（Paul）、妻の名前はヒルデガルド（Hildegard）です。この二人の名前には意味があります。

Paul　　小さいもの、復活したキリストの使徒

Hildegard　Hilde = 戦い・争い、Gard = 囲い地・檻

　　　　ビンゲンの聖女ヒルデガルド

この二人の名前の意味は、小説の内容と無関係でしょうか。無関係と言うにはあまりに深い意味がありそうです。夫婦の名前には二つの意味があるのではないでしょうか。一つ目は、妻のヒルデガルドが、夫婦間の綱引きという戦いに勝ち、檻の中に「小さいもの」を意味する夫パウルを囲っている状態。二つ目は、二人をどちらも聖職者として捉えると、明らかにパウルの方が、位が上です。ここから、大きな存在のパウルによって自由に活動することを許されているヒルデガルドと見ることも可能かもしれません。つまり、夫パウルは、一見したところ妻の檻の中に飼われている小さな存在に見えながら、実は広く大きな気持ちで妻の自由な活動を認めてやっている、というわけです。

以上のように文章全体について、一つ一つ分析してみると、さっと読んだだけでは（短いので読もうと思えば数分で読める超短編小説です）十分に理解できなかったり、ぼんやりとしか捉えられなかったりした物語の内容が、具体的に立ち上がっては来ないでしょうか。「テクストの分析と解釈・批判」の手法が身につくと、一つの作品をさまざまな観点から容易に分析できるようになり、簡単に物語の奥深くまで入り込む力を持てるようになるでしょう。

おわりに

　五年ほど勤務した商社を退職した後、私は上智大学の大学院に戻り、文学を専攻しました。諸事情あって結局一年間で辞めてしまいましたが、そこで出会ったのが、物語の構造分析を唱えたロラン・バルトでした。出会ったと言うよりも、ドイツ人教授が行なっていたドイツ文学の授業で、ある学生が「〇〇〇（ドイツの作家の作品）におけるロラン・バルト的解釈」として、自分の研究成果を発表したのを聞いたのが、私が初めてバルトというフランスの批評家の存在を知ったきっかけでした。その授業では、各自が一冊ずつドイツの文学作品を選び、それを二週間かけて丸ごと一冊分析し、その成果を口頭発表し、論文を提出することが求められていました。そこで学生が述べたことは、私が西ドイツのギムナジウム（大学進学を準備するための中高一貫校）で学んだ「テクストの分析と解釈・批判」によく似ていましたが、「バルト的解釈」という部分が強調され、不可解な専門用語が並んでいて、学生自身がそのテクストをどのように解釈したのかについては、私には結局よく理解できませんでした。もっともそれは単に、ロラン・バルトの構造分析論についての知識が私になかったせいかもしれません。ただし、ドイツ人教授がその学生の発表に対し、「それは君の解釈なのか？　それともバルトの解釈なのか？　君はその作品の分析をしているのか？　それともバルトの思想の分析をしているのか？」と質問したのが、私にとってはたいそう印象的でした。私自身も同じように感じていたからでした。

その学生に続き、私もまた自分の分析結果を発表しなければなりませんでした。他の学生たちが皆、難しい文学の専門用語を用いて発表した後に巡ってきた私の順番でしたので、私は自分の分析内容がひどく幼稚で、発表に値しないのではないかと気後れしていました。私自身は文学部出身ではなかったので、文学部の大学院の授業でどのような分析をすべきなのかを恥ずかしながら全く知らなかったのです。私はとにかく、高校時代にドイツで学んだ手法を用いて作品を分析してみました。用いたのはトーマス・マンの『ヴェニスに死す』でした。

私は、初老の作家グスターフ・フォン・アッシェンバッハがギリシア彫刻を彷彿させるような端麗な美少年タジオに心を奪われて、ついには死に至る過程に現われる象徴的な人物たちが「死への道標」なのではないかという仮説を立て、それぞれの登場人物の意味と役割、そして象徴的に用いられている色をテクストの内容にそって解釈し、同時に初老の作家自身についても、その与えられた名前から分析を試みてみました。グスターフ・フォン・アッシェンバッハという名前を与えられた主人公は、その名を冠されたと同時に死への巡礼者としての運命が定められているのではないかと考えたからです。そこで人名辞典を調べてみると、案の定、〈Gustav〉という名前には「神」と「巡礼者の杖」というような意味があることが分かりました。そして名字の〈Aschen〉は「灰」を意味しますから、この人物は神の巡礼者として命を燃え尽きさせるための最後の巡礼に出、一方、美少年は作家が神の世界に入るための究極の導き手なのではないかと私は考えたわけです。むろん、私のこの解釈が正解かどうかは分かりません。元々解釈には正解はないからです。

このようにカタカナの専門用語が登場しない私の発表を聞いたドイツ人教授は、ところが一言、「興味深い分析だ。登場人物を死への道標に見立て、色や名前を分析材料に使っているところがおもしろい。ところで君はその分析方法をどこで学んだ?」と、私に質問してきました。私が、自分の経歴を話し、ドイツの高校で「テクストの分析と解釈・批判」の授業に大変苦労したことを付け足すと、「やはりドイツで学んだのか。日本の学生とやり方が異なるのでどこで学んだのか気になった」と、教授は答えたのでした。この教授は長いこと上智大学をはじめ日本の大学で教鞭を執ってきたドイツ人で、日本語が流暢でした。

さて、ここで私が皆さんに述べたいのは、私の自慢話ではありません。本書で紹介する「テクストの分析と解釈・批判」（Critical Reading）は、実は日本でも大学の文学部などではかなり以前から実施されていることをご紹介したかったのです。しかも、テクストの分析は、外国文学の分野だけでなく、近年は国文学の分野でも結構盛んになり、「テクスト分析」「テクスト主義」などの名称で、さまざまな書籍も出版されています。ロラン・バルトの影響を受けたと思われるこうした流れにある研究者においては、作品を作者から切り離して分析するのは当然のことで、テクストを非常に厳密に論理的に読み込んで解釈してゆきます。

ところが、どうしてこの流れがいっこうに学校教育の中に入ってこないのでしょうか？　もし、とうの昔にこの「テクスト主義」の考え方が日本の学校教育の中に正式に取り込まれていたとしたら、今皆さんが本書を手にとって読む必要はないはずです。本書を読むまでもなく、皆さんは学校でテクストの分析と解釈の方法を学んだはずですから。学校でテクストの分析の基本を学んだ皆さんは、ロラン・バルトなどの専門家の書物を読むことになるはずです。

テクストの分析がいっこうに日本の学校教育の中に降りてこない理由は、すでに記したように、大学で「作品〇〇〇のロラン・バルト的解釈」のような難解な分析に留まり、誰もが理解できるような一般的な指導方法に落とし込まれていないからではないでしょうか。欧米では子どもの発達段階に沿わせた形で系統的にテクストの読解方法が指導されるようになって久しいにもかかわらず（何しろ私がドイツに住んでいたのは七〇年代前半、西ドイツでミュンヘン・オリンピックとサッカーのワールドカップが開催された時代です)、日本ではテクストの分析はいまだに象牙の塔の中に閉じこめられたままです。

日本の学校教育の中では、相変わらず「作家主義」が幅をきかせています。それが何かと言えば、「作家はこの時どのような心情だったでしょう？」という立場です。国語の授業や試験では、まるで作家の考えていることは手に取るように理解できると思い込んでいるような教員の誘導尋問に引きずられながら、必ず教員がねらいを定めた地点に着地しない限り「正解」とは認められません。本来、テクストにきちんと立脚して考えたとしても作品の内容についての考え方は幾通りもあり、答えは一つではないはずなのですが、「作家」という後ろ盾を持った教師の「正解」は唯一無二でそれ以外の考え方は認められないのです。そして、そのために国語はおろか、本を読む楽しみまで奪われてしまい、国語が嫌いだから本も読まない、という日本人は少なくありません。一方で、国語の成績が良いからと言って言語能力が高いのかというと、日本の場合そうとも言えません。なぜなら日本の国語教育の現状では、教師の正解と同じ答えを導き出せる特殊な能力を持った人物だけが高得点をおさめられるからです。国語の成績と本来の言語能力が必ずしも一致していないことをみごとに描写しているのが、清水義範氏の『国語入試問題必勝法』(講談社文庫)です。同書には、日本の国語教育、あるいは読解教育が、いかにテクストそのものの分析から遠いか、いかに作家の心情にこだわった読みを強いているのかということが実に巧みに描かれています。

また、数学者の藤原正彦氏も『祖国とは国語』の中で国語について次のように述べています。

私の小中高時代、国語の時間ほど退屈なものはなかった。わかり切った文章を文節に区切ったり、段落に分けたり、「それ」が何を指すか、などという作業が多かった。そのうえ文章を読んで、著者の気持や意図を問われ、教師の見解と異なる場合は批判され、時には笑われ、結局は教師の見解を押しつけられるのだった。このような授業は今も続いており、国語嫌いな生徒を作っているのではないだろうか。「子供を読書に向かわせる」を最大目標にすえた指導法改善が望まれる。

（『祖国とは国語』新潮文庫、三五頁）

ところで、「テクストの分析と解釈・批判」は、むろん研究者のためだけにあるのではありません。研究者には、さまざまな思想や理念を用いての文学研究をお任せし、私たち素人はもっと文学の世界で気楽に楽しむべきではないでしょうか。私が本書で皆さんに提示したかったのは、本の読み方を学ぶと本を読むのが楽しくなりますよ、ということです。そしてその次に、もはやグローバル・スタンダードと言い切ってしまっても差し支えないだろうと思われる「テクストの分析と解釈・批判」の手法を身につけると、外国語で文学作品を読むときにも役立ちますよ、ということです。いえ、それ以前に、翻訳された外国文学を分析の手法を用いて読んでおくと、例えば外国人とその本について話をする場合、お互いにその本を読んだ言語は異なっても、同じ物差しを使って同じ土俵で話ができるので楽しく議論ができますよ、ということを私は皆さんに伝えたいのです。

第二章の「絵の分析」では《MR. LINDEN'S LIBRARY》を取り上げましたが、実は、私がオンラインの語源辞典が存在することを知ったのは、この絵がきっかけでした。非常勤として勤めている麗澤中学・高等学校で英国人の同僚クリス・ビンチ氏とその絵の解釈について話し合っていたとき、私が本から生える植物を指して、「これが〈Linden〉にちがいない。なぜなら〈Linden〉はドイツ語で木の名前だから」と言ったところ、ビンチ氏は即座にパソコンを操作して語源辞典を検索し、〈Linden〉を調べて、「なるほど。きっとそうだ」と言ったのです。「テクストの分析と解釈・批判」という共通の基盤を持って互いに絵について話をしていたため、私たちは即座にお互いの考えを理解し合えたのでした。そして、ひとたび互いに分析しながらテクストや絵を読めると知ったあとは、さまざまな教材について意見の交換ができるようになりました。私の英語力は決して自慢できるような水準ではありませんが、共通の知識が私の英語を手助けしてくれるのです。

日本で国語教育を受けた私たちは、本を読むときには作者の心情を考えながら文脈を追い、正解を求めながら読む癖がついています。こうした呪縛から逃れて、読者である私たち自身がテクストを楽しみながら読む方法を、分析という手法を通して身につけませんか。ひとたびその方法が身につけば、本を読むときばかりでなく、映画を観るときもニュースを見るときも、絵画を見るときも、子どもに絵本を読み聞かせるときにも、自分の中で対象を分析する機能が自動的に働いて、深く、そして楽しい「読み」ができるようになるでしょう。そして先に書いたように、相手が分析の手法を身につけてさえいれば、お互いに共通の技術を駆使して、外国人とも知的で興味深いコミュニケーションがとれるようになることでしょう。

ところで、少々かたい話が続きましたので、ここでもう一つ外国人と知的で楽しい意見交換ができるという柔らかい例を示しましょう。

私は数年前から財団法人日本サッカー協会でも言語技術を指導しています。「サッカーになぜ言語技術？」と訝《いぶか》る方もいらっしゃるかもしれませんが、とっさの状況分析と判断が必要なサッカーには論理的思考力を培うための教育が不可欠と考えていた同協会の田嶋幸三技術委員長から依頼があり、コーチ資格を取得するための講習や、十代のトップ選手たちを対象に「言語技術」の指導を始めました。同協会で最も重視されているのが、本書に示した「絵の分析」です。瞬間的に状況を分析し、判断するためには、サッカーの場面だけでなく、あらゆる状況において論理的な分析と判断ができることが重要だと考えられているからです。今年同協会が福島県に立ち上げた中高一貫のサッカー選手育成校であるＪＦＡアカデミー福島は、フランスのナショナルフットボール学院（「ＩＮＦ」フランス代表となる選手たちを育成する学院。フランス代表のティエリー・アンリ、ニコラ・アネルカなどが同学院出身）の校長を退官されたクロード・デュソー氏をテクニカル・アドバイザーに招いています。

このデュソー氏が昨年、私が同協会で一三〜一四歳の年代の少年たちに実施した講習に参加してくださいました。私が同協会で何を指導しているか、なぜ学校教育以外のところで「言語技術」を指導しているのかを、日本の教育とフランスの教育の相違を踏まえて説明したところ、デュソー氏が私の授業内容に興味を持ってくださったからです。この日の授業内容は、「絵の分析」と「テクストの分析」でした。内容を説明すると、デュソー氏は即座に、フランスでは当たり前のこととして学校教育の中で実施しているし、こうした教育を受けずにサッカー選手になる者はいないとおっしゃったうえで、通訳を介しての参加であるにもかかわらず三時間にもわたって授業参観をしてくださいました。そして、単に参観するだけでなく、「絵の分析」の議論にはご自身も参加し、さまざまな意見を絵の中の根拠に基づいて発言してくださいました。絵の分析にまだまだ不慣れな中学生たちもデュソー氏の発言に刺激され、フランス語と日本語という大きな障壁が立ちはだかっていたにもかかわらず、同じ絵を同様の技術を用いて分析するという貴重な経験を持つことができました。この経験は彼らにとって、私が「絵の分析はサッカーにおける状況分析や判断に重要だ」と繰り返し説くよりも、はるかに説得力のあるものだったことでしょう。何しろ、彼らが憧れる世界的なサッカー選手たちを育てた人物が、「フランスでは当たり前にやっているよ」と、ごく気さくに彼らと一緒になって同じ絵を観察し、分析して、議論に参加してくださったのですから。

さて、ヨーロッパでは、「テクストの分析と解釈・批判」を、実に五〜六年もの歳月をかけて学校教育のなかで学びます。このことは、ＩＮＦの元校長デュソー氏の発言からも明らかですが、「テクストの分析と解釈・批判」はそれだけの深みと価値のある内容を持った技術だからです。ここでその全容を示すことはできませんし、本書を読んだだけですぐさまテクストの分析ができるようになるわけでもないでしょう。それでも、本書が、皆さんが分析的に読書する手法を知る手掛かりとなり、さらに皆さんの外国語の上達に少しでも貢献できれば幸いです。

あとがき

二〇〇四年に、二〇〇三年に実施された学習到達度試験（ＰＩＳＡ）の結果が報道され、日本の一五歳の子どもたちの読解力低下が社会問題になりました。メディアがこぞって学力低下を指摘し、世の中は大騒ぎになりましたが、私は平静でした。学習到達度試験の試験結果は、日本の子どもの学力低下を示すものではなく、日本の子どもが何を学んでいないかを示す結果に過ぎないと、私は自分自身の経験から明言できたからです。日本の子どもの示した結果は、まさに私自身が一五歳の折にドイツで経験した結果と一致していました。学習到達度試験の問題で求められていたものは次のようなものです。

① 文章や図、表から情報を分析し、読み解く力
② 文章を批判的に分析する力
③ ①と②によって考えたことがらを、データを引用しながら記述する力

これらは一般的に日本の国語教育の中では指導されていません。だからこそ私もドイツの学校で苦労したわけですし、その状況は現在でも変わっていないのです。学習到達度試験の結果はただそれだけを示したに過ぎませんでした。

学習到達度試験の結果を通して、私たちは外国語を学ぶときに何が必要かを考えることができます。学習到達度試験の試験内容については、日本人の読解力に問題がある、という観点ではなく、他の国々の人々がどのような国語教育を受けているのか、という観点で捉えると、外国語学習との関連が見えてくるのです。ある国の教育内容には、その国の社会や歴史、思想や文化などが大きな影響を与え、そうしたものが土台となって教育内容は構成されています。従ってある国の言語を学びたいと考えたとき、言語をその背景にある国や文化から完全に切り離して学ぶことはできません。むろん初級の語彙や文法程度ならそれで済むかもしれませんが、中級、上級と進めば進むほど、言葉だけを学ぶことは難しくなります。なぜなら一つの言語は、その国の歴史や文化の必然の中で形成されたものだからです。ヨーロッパでテクストを分析し、解釈し、批判的に読解する手法が生まれたのは、ヨーロッパ諸国の歴史的、文化的必然でしょう。そして、それがアメリカやオセアニア諸国、南米などに伝播したのは歴史的事実の結果であり、それが伝播した先の諸国で生き残り、教育内容にまで影響を与えたのは、それが伝播先の国々で社会的必然と捉えられたからでしょう。

本書で試みようとしたのは、世界の多くの国々で当たり前のこととして実施されているテクストの分析と解釈の方法を、できるだけ分かりやすく提示することでした。本書をきっかけに、多くの皆様にテクストの内容を分析しながら掘り下げることの面白さと重要さ、自分なりの解釈に至ることの楽しさと重要さを発見していただければ幸いです。

私自身がテクストの分析を理解し、身につけ、子どもたちに指導するに至るまでには多くの方々の協力と支援がありました。私の友人であるスペイン人のカルメン・オンドサバル氏（モンセラ・サルト『読書へのアニマシオン』の監修者）とドイツ人のユッタ・コヴァリク氏、「読書へのアニマシオン」を指導してくださったモンセラ・サルト氏、学校で指導する機会を与えてくださった麗澤中学・高等学校の竹政幸雄氏、同僚の英国人クリス・ビンチ氏、授業に参加し、私にさまざまな刺激を与えてくれた麗澤中学・高等学校の生徒たち、つくば言語技術教育研究所の生徒たち、並びにスタッフたちに、私は心からの感謝を捧げます。また、忙しさを理由に遅々として筆の進まない私を辛抱強く支えてくださった白水社編集部の岩堀雅己氏には、この場を借りて感謝の意を捧げます。

私の仕事を支えてくれる夫三森利昭と三人の息子たち崇利・宏昭・尚武、そして母馬淵泰子に感謝を込めて。彼らの協力なくしてはこの本は書き上げることができませんでした。

二〇〇六年四月吉日

三森ゆりか

新版に対するあとがき

二〇二二年からの新学習指導要領適用に伴い、高等学校の「国語」において、「論理国語」と「文学国語」が二者択一の選択科目となり、グローバル化が進行する世界における日本人の行く末に、私は大きな危機意識を持っています。というのも、私の知る限り、欧米言語圏では小学校から高等学校までの母語教育（国語）における文学の占める割合が非常に大きく、とりわけ高等学校では、それぞれの文化圏の文豪の手による名作が当然のように扱われているからです。

そうした国々では、共感力や想像力を育成する文学は、実社会で必要とされる論理的、批判的に書いたり読んだりする資質や能力の育成の妨げにはなりません。なぜなら彼らの文学の読みは「批判的読書《クリティカル・リーディング》」と総称され、評論文などの扱いと同じく、議論を用いて論理的、批判的、分析的に読み込み、それにより深い共感や情調、教養を育もうとするものだからです。その上、文学には小論文が対になっており、課題の作文には論理的な記述が求められます。本来なら日本も「文学」を切り捨てるのではなく、批判的思考《クリティカル・シンキング》を用いて読む方向に舵を切るべきでした。

読者の皆様にとって、本書が世界標準の文学の読み方を知るきっかけとなれば幸いです。

二〇二三年七月三〇日

著者

著者紹介
三森ゆりか（さんもり・ゆりか）
つくば言語技術教育研究所所長．東京都出身．中高時代の4年間を旧西ドイツで現地校に通う．上智大学外国語学部ドイツ語学科卒業．丸紅（株）勤務後，上智大学文学研究科博士前期課程中退．1990年に「つくば言語技術教室」（現（有）つくば言語技術教育研究所）開設．
研究所での生徒指導，教員養成の他，教育機関，スポーツ団体，企業等での指導経験多数．教育機関では，聖ウルスラ学院英知，履正社，筑波大学，上智大学等での講師，他に幼稚園から大学院，教育委員会等．スポーツ団体では，日本オリンピック委員会，日本サッカー協会，日本バスケットボール協会，日本テニス協会等．企業では，JR東日本，JR西日本等．文部科学省，文化庁，ソニー教育財団等での委員経験も豊富．

【著書】
『言語技術教育の体系と指導内容』（明治図書，1996年）他2冊
『論理的に考える力を引き出す』（一声社，2002年）
『論理的に考える力を引き出す（2）　絵本で育てる情報分析力』（一声社，2002年）
『イラスト版ロジカル・コミュニケーション』（合同出版，2002年）
『外国語を身につけるための日本語レッスン』（白水社，2003年）
『子どものための論理トレーニングプリント』（PHP研究所，2005年）
『大学生・社会人のための言語技術トレーニング』（大修館，2013年）
『ビジネスパーソンのための「言語技術」超入門』（中公新書ラクレ，2021年）

【訳書】
『エドワード・ホッパー』（ベネディクト・タッシェン出版，1992年）
『手のなかのすずめ』フックスフーバー作（一声社，2002年）

【翻訳協力】
『読書へのアニマシオン　75の作戦』M. M. サルト著（柏書房，2001年）

●ホームページ　https://www.laitjp.com/

分析用の作品リスト
(指導に使用している, あるいは適した作品)

A 小説, 童話

ウルズラ・ヴェルフェル『灰色の畑と緑の畑』野村泫訳, 岩波少年文庫

ペーター・ビクセル『テーブルはテーブル』山下剛訳, 未知谷

ロバート・シャパード/ジェームズ・トーマス編『Sudden fiction 超短編小説 70』村上春樹・小川高義訳, 文春文庫

ロバート・シャパード/ジェームズ・トーマス編『Sudden fiction (2)』柴田元幸訳, 文春文庫

『ラ・フォンテーヌ寓話』市原豊太訳, 白水社

『ヘミングウェイ短編集 (全2冊)』大久保康雄訳, 新潮文庫

『ペローの昔ばなし』今野一雄訳, 白水社

『グリム童話集』金田鬼一訳, 岩波文庫

グレイス・ペイリー『最後の瞬間のすごく大きな変化』村上春樹訳, 文春文庫

ロアルド・ダール『あなたに似た人』田村隆一訳, ハヤカワ・ミステリ文庫

『六月半ばの真昼どき――カシュニッツ短篇集』西川賢一訳, めるくまーる

リディア・デイヴィス『ほとんど記憶のない女』岸本佐知子訳, 白水社

ミヒャエル エンデ『鏡のなかの鏡――迷宮』丘沢静也訳, 岩波現代文庫

『サキ短編集』田中初義訳, 講談社文庫

『ビアス短篇集』大津栄一郎訳, 岩波文庫

『芥川龍之介全集 (全8冊)』ちくま文庫

村上春樹『象の消滅』新潮社

E・L・カニグズバーグ『ティーパーティの謎』小島希里訳, 岩波少年文庫

ミヒャエル・エンデ『モモ』大島かおり訳, 岩波少年文庫

ハンス・ペーター・リヒター『あのころはフリードリヒがいた』上田真而子訳，岩波少年文庫
アヴィ『星条旗よ永遠なれ』唐沢則幸訳，くもん出版
フレッド・ウルマン『友情』清水徹・清水美智子訳，集英社（「テクストの分析と解釈・批判」用質問例：http://www.serieslitteraires.org/publication/article.php3?id_article=496）
アーネスト・ヘミングウェイ『老人と海』福田恆存訳，新潮文庫
トーマス・マン『トニオ・クレーゲル／ヴェニスに死す』高橋義孝訳，新潮文庫
ヘルマン・ヘッセ『デミアン』高橋健二訳，新潮文庫
フランツ・カフカ『変身　他一篇』山下肇訳，岩波文庫
ヨハン・ヴォルフガング・フォン・ゲーテ『ファウスト』高橋義孝訳，新潮文庫
アルベール・カミュ『異邦人』窪田啓作訳，新潮文庫
夏目漱石『こころ』新潮文庫
宮沢賢治『新編 銀河鉄道の夜』新潮文庫
森鷗外『舞姫』集英社文庫

B　絵本

アンネゲルト・フックスフーバー『手のなかのすずめ』三森ゆりか・おつきゆきえ訳，一声社
アンソニー・ブラウン『ナイトシミー　元気になる魔法』灰島かり訳，平凡社
ゲルダ・ミュラー『みえないさんぽ』評論社
モーリス・センダック『かいじゅうたちのいるところ』神宮輝夫訳，冨山房
アンソニー・ブラウン『こうえんで…　4つのお話し』久山太一訳，評論社
ロバート・T・アレン『ヴァイオリン』藤原義久・藤原千鶴子訳，評論社
クリス・ヴァン・オールズバーグ『急行「北極号」』村上春樹訳，河出書房新社
クリス・ヴァン・オールズバーグ『名前のない人』村上春樹訳，河出書房新社

クヴィント・ブッフホルツ『おやすみ，くまくん』石川素子訳，徳間書店
ダイアン・シェルダン『くじらの歌ごえ』角野栄子訳，BL 出版

C　漫画
萩尾望都『訪問者』小学館文庫
萩尾望都『銀の三角』白泉社文庫
萩尾望都『半身』小学館文庫
萩尾望都『イグアナの娘』小学館文庫

本書は2006年に刊行された『外国語で発想するための日本語レッスン』を改題しました。

外国語を身につけるための日本語レッスン2　読解編

二〇二三年八月三〇日　印刷
二〇二三年九月二〇日　発行

著　者©三　森　ゆ　り　か
発行者　岩　堀　雅　己
印刷所　株式会社　精　興　社
発行所　株式会社　白　水　社

東京都千代田区神田小川町三の二四
電話　営業部〇三（三二九一）七八一一
　　　編集部〇三（三二九一）七八二一
振替　〇〇一九〇‐五‐三三二二八
郵便番号　一〇一‐〇〇五二
www.hakusuisha.co.jp
乱丁・落丁本は、送料小社負担にてお取り替えいたします。

加瀬製本

ISBN978-4-560-08990-3
Printed in Japan

外国語を身につけるための日本語レッスン

三森ゆりか

言葉を使いこなすには技術が必要です。論理的な文章の書き方や説明の方法、有効な質問のしかたなど、欧米では当たり前のこの言語技術を、本書ではまず日本語から鍛えていきます。

発声と身体のレッスン

増補新版

鴻上尚史

魅力的な「こえ」と「からだ」を作るために

俳優、声優、歌手、アナウンサーから、教師や営業マンまで！「人前で話す」すべての人のためのバイブル。大好評ロングセラーに寄せられた反響をもとに、Q＆Aを巻末増補した完全版。

小説の技巧

デイヴィッド・ロッジ　柴田元幸、斎藤兆史 訳

古今の名作を素材に、小説の書き出し方、登場人物の命名法、文章反復の効果等作家の妙技を解明し、小説味読の楽しみを倍加させる。

ほとんど記憶のない女

リディア・デイヴィス　岸本佐知子 訳

わずか数行の超短篇から私小説・旅行記まで、「アメリカ小説界の静かな巨人」による知的で奇妙な五一の傑作短篇集。

《白水Uブックス版》